명견만리 공존의 시대 편

명견만리

모두를 위한 공존의 시대를 말하다

· 불평등, 병리, 금융, 지역 편 ·

KBS 〈명견만리〉 제작팀 지음

INFLUENTIAL
인 플 루 엔 셜

희망을 놓지 않을 때
다른 세상은 가능하다

"우리는 희망의 메시지를 사람들에게 보여줘야 한다. 다른 세상이 가능하다고 말해야 한다."

영화 〈나, 다니엘 블레이크〉로 칸영화제 황금종려상의 영예를 안은 켄 로치 감독이 수상소감으로 전한 말이다.

영화는 심장병이 악화되어 더 이상 목수 일을 할 수 없게 된 주인공 다니엘이 실업급여를 받기 위해 고군분투하는 과정을 그리고 있다. 불합리하고 관료적인 절차 때문에 번번이 좌절하던 다니엘은 고용센터에서 알게 된 가난한 싱글맘 케이티에게 도움을 주고, 서로를 의지하게 된다. 하지만 사회적 약자인 다니엘과 케이트는 복지제도 내에서 보호받지 못하고 이들의 희망은 번번이 무너진다.

노숙자, 노동자, 실직자 등 소외계층의 목소리를 대변하며 세상을 향한 일침을 영화에 담아온 켄 로치 감독. 그는 〈나, 다니엘 블레이크〉를 통해 글로벌 금융위기 이후 재정적자를 축소하기 위해 혜택을 줄여 버린 영국의 복지정책을 조소와 위트로 통렬하게 비판한다.

영국은 유럽에서 경제적 불평등이 가장 심한 나라라는 오명을 가졌다. 상위 10퍼센트와 하위 10퍼센트의 소득 격차가 20배에 달한다. 부실한 사회 안전망 속에서 경제적 양극화가 심화되고 있다.

영화 속 다니엘과 케이티가 겪는 힘겨운 상황은 먼 나라 이야기가 아니다. 바로 여기, 우리가 마주하는 자화상이다.

'974만 원 대 132만 원.' 대한민국의 최상위 20퍼센트와 최하위 20퍼센트 가구의 월평균 소득이다. IMF 조사 결과 우리나라는 OECD 국가들 중 미국에 이어 두 번째로 소득 격차가 큰 국가로 나타났다. 상위 10퍼센트가 전체 소득의 약 45퍼센트를 차지한다.

새벽 동이 트기 전부터 북적이는 인력 사무소, 차별에 눈물 흘리는 비정규직, 치솟는 임대료에 거리로 내몰리는 자영업자, 미래를 포기할 수밖에 없다는 N포 세대……. 아무리 열심히 해도 나아질 기미가 보이지 않는다며 사람들은 저마다 희망의 복원을 호소한다.

장기화되는 구조적 저성장 속에서 경제적 양극화는 날로 심각해지고 있다. 부와 가난은 대물림되고, 공정한 경쟁과 땀의 가치는 희미해져 간다. 인도의 정신적 지도자인 간디는 '원칙 없는 정치', '인격 없는 지식' 등과 함께 '땀 흘리지 않고 얻는 부'를 일곱 가지 사회악 중 하나로 규정한 바 있다. 경제적 불평등으로 인한 계층 간 갈등은 점점 깊어진다. 저출산, 고령화가 급속하게 진행되면서 일자리, 복지 등 사회 곳곳에서 세대 간 충돌마저 일어나고 있다.

인류 역사상 최대의 기술혁명으로 일컬어지는 4차 산업혁명이 빠르게 진행 중이다. 산업혁명 시대와 비교했을 때 변화의 속도가 열 배 이상 빨라졌고, 변화의 파급 효과는 3000배나 크다는 분석도 있다. 인공지능, 사물인터넷, 로봇, 나노, 생명공학 등 ICT(정보통신기술) 혁명에 힘입어 인류는 풍요의 황홀함을 맛보고 있다. 하지만 전 세계적으로 부가 늘어났음에도 가난한 사람이 더 많아진 시대적 부조화도 동시에 경험하고 있다. 개인들은 일자리 감소 등 4차 산업혁명이 몰고 올 미래에 대한 불안감을 떨쳐버릴 수 없다. 대전환의 길목에 선 지금, '어떻게 살아가야 하나?'에 대한 답을 찾지 못하고 헤매고 있는 것은 아닐까.

· · ·

〈명견만리〉는 4년여라는 짧지 않은 기간 동안 시청자들로부터 과분한 애정과 격려를 받았다. 빠르게 변화하는 세상을 읽어내는 안목과 미래를 대비하는 통찰을 얻고자 하는 기대감 때문이었을 것이다.

〈명견만리〉 시즌 3 방송을 시작하며 제작진은 우리 사회가 당면한 오늘의 모습 속에서 내일을 위한 지혜를 찾아보고자 했다. 〈명견만리〉 시즌 3의 테마인 '장벽을 넘어 보다 나은 미래로'는 그러한 고민의 결과다. 지속 가능한 미래를 위한 첫 화두로 '장벽'과 '공존'에 대해 생각해보았다. 우리 사회 전반에 존재하는 진입 장벽은 가히 격차사회를 넘어 장벽사회로 불릴 만큼 두터워지고 있다. 과연 장벽을 허물고 공존하는 사회로 가기 위한 조건은 무엇일까?

건강한 미래는 그들만의 리그가 아닌 함께하는 생태계를 만들 때 가능해진다. 인류 역사는 이 단순하면서도 자명한 이치를 방증한다. 기원전 3세기 동과 서에서는 대규모 토목사업이 시작됐다. 중국 진시황은 만리장성을 건설하기 시작했고, 로마제국은 이 시기부터 약 500년에 걸쳐 로마 가도를 만들었다. 진시황은 이민족을 막는 성벽을 쌓았고, 로마제국은 세계로 연결하는 길을 내었다. 《로마인 이야기》의 저자 시오노 나나미는 로마제국이 흥했던 이유를 로마인의 개방성에서 찾았다. 열린 길을 통해 수없이 신선한 바람을 맞으며 로마를 새롭게 했다는 것이다. 성벽은 단절이고, 길은 포용이다. 개방과 포용을 통한 공존이 한 국가를 흥하게 하는 진리였다.

흔히 저신뢰 사회, 각자도생의 시대를 살고 있다고 말한다. 사회적 안전망 없이 과도한 경쟁에 사로잡힌 사회에서, 개개인은 소외되고 소리 없는 비명은 늘어만 간다. 혼자 살다 혼자 죽는다는 '무연사회(無緣社會)'라는 씁쓸한 신조어도 등장했다. 늘어나는 고독사는 우리 사회가 얼마나 단절되고 고립된 섬인지를 보여주는 단적인 예다.

사회가 신뢰를 잃으면 미래를 잃는다. 신뢰는 사회를 움직이는 무형의 자산인 '사회적 자본'에도 큰 영향을 미친다. 구성원 간의 배려, 신뢰와 같이 공동체의 협력을 촉진시킬 수 있는 것이 사회적 자본이다. 이는 경제 자본 못지않게 한 사회가 발전하기 위해 꼭 필요하다. 소통을 통한 공동체의 회복, 희망의 발견이 절실한 이유다.

다 함께 하는 미래를 맞이하기 위해서는 새로운 상상력이 필요하다. 전 세계는 지금 공존을 위한 새로운 길을 모색 중이다. 핀란드, 독일, 네덜란드, 스페인 등은 기본소득을 통해 공존을 위한 정책을 실험 하고 있다. 지속 가능한 미래를 위해 공동체의 기초체력을 쌓기 위해서다. 프랑스, 오스트리아, 스웨덴 등은 다양한 계층이 어우러져 살 수 있도록 제도적 장치를 만들었다. 저소득층과 중산층이 섞여 사는 공공 공간을 의미하는 '소셜 믹스(social mix)'는 차별과 분리를 없애고, 관계의 힘을 되찾으려는 노력의 일환이다. 미래를 위기가 아닌 기회로 만들기 위해 새로운 가치를 정립하는 것은 매우 중요하다.

• • •

〈명견만리〉는 강연과 다큐멘터리를 결합해 렉처멘터리(lecturementary)라는 새로운 지평을 열었다는 평을 받고 있다. 〈명견만리〉의 성취가 있다면 그것은 제작진만의 공이 아니다. 프리젠터들은 기꺼이 귀중한 시간을 쪼개 국내외 현장을 다니며 녹록지 않은 취재 과정을 함께했다. 새로운 관점으로 사고의 폭을 확장시켜주었고, 예리한 통찰로 깊이를 더해주었다. 그동안 출연한 모든 프리젠터에게 감사의 마음을 전한다.

〈명견만리〉는 참여를 통한 다양한 질문 속에서 지혜로운 답을 찾아간다. 그 중심에 자발적 청중인 미래참여단이 있다. 5만 명에 이르는 미래참여단은 더 나은 미래를 함께 고민한다. 프리젠터들은 미래참여단이 열띤 질의와 토론을 하는 모습에서 시민 공론의 장으로서의 가능성을 보았다고 입을 모았다. 녹화 끝머리에 진행되는 미래참여단과 프리젠터 사이의 질의응답은 매번 한 시간을 훌쩍 넘긴다. 참여를 통한 공론화의 과정은 사회를 튼튼하게 한다. 공론의 장이 활성화되면 그 가치를 대변하는 교양 시민층이 생겨나고, 이들이 사회적 자본을 확산시키는 주도층이 되기 때문이다.

《명견만리: 인구, 경제, 북한, 의료 편》,《명견만리: 윤리, 기술, 중국, 교육 편》,《명견만리: 정치, 생애, 직업, 탐구 편》은 다소 묵직한 공적 주제를 담았음에도 독자들로부터 많은 사랑을 받았다. 이번《명견만리: 불평등, 병리, 금융, 지역 편》은 우리 사회 곳곳에 존재하는 견고한 장벽의 실상과 그것을 허물고 공존하기 위한 길을 모색하는 데 집중했다. 해외 여러 국가와 지방자치단체에서 실시 중인 정책 사례와 그 배경은 특히 눈여겨볼 만하다. 이 책에는 우리 공동체의 미래를 위해 대안을 제시하고자 한 고민의 시간과 무게가 고스란히 담겨 있다.

• • •

우리가 맞이하게 될 엄청난 도전과 과제를 예측하는 것은 중요하다. 하지만 미래를 단순히 예측하는 데서 그치지 않아야 한다. 미래는 만들어가는 것이다. 그런 까닭에 〈명견만리〉는 끊임없이 질문을 던지며 세상을 깨우는 죽비소리이고자 한다. "우리가 살아가는 이 순간, 우리는 어디에 서 있는가?"

전국시대《사기(史記)》의 '이사열전'에 "태산은 한 줌의 흙도 마다하지 않고, 강과 바다는 작은 물줄기도 가리지 않는다"라는 구절이 있다.

모든 것을 포용해야 비로소 크고, 넓고, 깊어진다는 의미다. 이제 미래를 향한 창을 열고 새로운 공존을 이야기할 때다. 이 책을 통해 우리의 자화상을 성찰하고, 새로운 통찰을 발견해 현실에 투영하기를 바란다.

영화에서 다니엘이 저항하는 의미로 관공서 담벼락에 쓴 글귀는 이렇게 시작한다. '나, 다니엘 블레이크.' 벼랑 끝에 내몰린 다니엘은 무엇을 말하려 했을까. 아마도 세상을 향해 나도 여기에 있다고 외치려던 것은 아닐까. 더불어 사는 사회를 끝까지 포기해서는 안 된다는 선언은 아니었을까. 그 답을 찾는 것은 우리의 몫으로 남았다.

임기순 KBS 〈명견만리〉 책임프로듀서

| 차례 |

1부 – 불평등 Inequality

부의 편중이 없는 사회

중국 단 2퍼센트, 일본 18.5퍼센트, 미국 28.9퍼센트. 이는 자산 10억 달러 이상의 부자 중 상속이나 증여로 부자가 된 비율이다. 대한민국은? 무려 74.1퍼센트가 상속 부자다. 계층 이동의 사다리가 사라지며 신(新) 세습 사회가 되어가는 대한민국에서 계층 간 장벽을 허물고 공존하는 방법은?

올라가지 않아도 되는 사회

'가난한 어린이'가 '가난한 대학생'이 되고, '가난한 회사원'이 되었다가 '가난한 부모'가 되어 다시 '가난한 어린이'를 낳는 고리를 어떻게 끊을 수 있을까. 우리 교육이 한 곳을 향해 올라야 하는 수직의 사다리가 아니라 사방팔방으로 놓인 수평의 다리들이 된다면? 이제 완전히 다른 교육 패러다임이 필요하다.

노동만으로 살 수 있는 사회

IMF 외환위기 20년. 그동안 우리 사회에는 대기업과 중소기업, 정규직과 비정규직 사이에 높은 장벽이 생겨났다. 과거 구조조정을 요구했던 IMF조차 한국의 비정규직 문제를 경고하고 있는 시점에서 일자리의 불균형을 해결할 방법은 무엇일까?

2부 – 병리 Psychopathy

3부 – 금융 FinTech

4부 – 지역 Region

누구도 도시에서 혼자 살아갈 수 없다. 집에서든 거리에서든, 사람과 사람이 만나고 공간과 공간이 만나야 한다. '연결'은 살기 좋은 도시의 필수 조건이다. 아무리 화려한 빌딩들로 가득해도 그 안에 사람이 살지 않는다면 그곳은 죽은 도시다. 도시를 만남과 교류가 이루어지는 공간으로 만들기 위한 세계 각국의 노력을 들여다본다.

인구는 물론 투자와 생산, 노동의 기회, 발전 가능성 등 모든 것이 감소하고 있다. 그로 말미암아 지방도 소멸의 길을 걷고 있다. 지방 중소도시의 소멸은 해당 도시만의 문제가 아니다. 인구가 나가는 곳과 들어오는 곳 모두에 큰 부담을 주고, 사회 전체가 부담해야 할 비용도 커진다. 지방을 지키는 길은 과연 있는가.

불평등
Inequality

明見萬里

1장

세습의 시대,
공존을 위한 새로운 상상

—

부의 편중이 없는 사회

明見萬里

중국은 단 2퍼센트, 일본 18.5퍼센트, 미국 28.9퍼센트.

10억 달러 이상을 가진 부자들 중 상속이나 증여로 부자가 된 비율이다.

대한민국은? 무려 74.1퍼센트가 상속 부자다.

계층 이동의 사다리가 사라지며 신(新) 세습 사회가 되어가는 대한민국에서

계층 간 장벽을 허물고 공존하는 방법은?

세습의 시대, 공존을 위한 새로운 상상

> 부의 편중이 없는 사회

2018년 여름, 임대아파트에서 사망한 50대 남성이 일주일 만에 발견되는 사건이 있었다. 집 안을 가득 채운 쓰레기와 술병이 홀로 지냈던 그의 외로움을 짐작게 했다. 언제 사용했는지 모를 식기구들은 방치된 채로 남겨져 있었다. 수백 건의 고독사 현장을 정리했다는 한 유품정리사는 고인의 흔적을 치우며 망자가 느꼈을 경제적 어려움과 고통에 가슴 아프다고 말한다. "유품정리 일을 하다 보면 어렵게 생활하면서 연명했던 분들이 많습니다. 지병이 있거나 술에 의존해서 세월을 보낸 흔적이 자주 보입니다."

고인이 살던 임대아파트 주민들은 이웃의 죽음에도 담담하다. 비극적인 죽음을 워낙 일상적으로 마주하기 때문이다. "생활고에 씨들고, 특히 죽을병에 걸린 사람들은 술 먹고 그냥 뛰어내려버려. 그렇게 죽는 사람을 하도 많이 봐서 이제 뭐 별생각도 안 들어. 일상사니까."

이와 비슷한 시기에 또 하나의 안타까운 사연이 세상에 알려졌다. 지병을 앓던 아버지와 아들이 동반 자살한 것이다. 한 달 기초생활수급비 85만 원으로 살아가던 부자는 낡은 시골집 월세방에서 사망한 지한 달 만에 발견됐다. 그들이 마지막으로 세상에 남긴 것은 집주인에게 미안하다는 말과 재산 121만 원이 전부였다.

누구의 배웅도 받지 못한 채 쓸쓸한 죽음을 맞는 사람들. 경제적 불평등은 생의 가장 마지막 순간에도 차별을 낳는다. 한 이웃 주민은 이렇게 말한다. "아이고, 저 양반은 이제 탈출했네. 이 지옥에서 탈출했어. 복 받았네. 그런 생각밖에 안 들어요."

누군가는 하루에 120만 원을 아무렇지 않게 쓰는데, 다른 누군가는 전 재산 120만 원을 자신의 장례 비용으로 남기고 떠나는 현실. 이웃의 죽음을 마음껏 애도하지 못하고 '지옥을 탈출했으니 복 받았다'고 자조하는 사회가 과연 지속할 수 있을까.

땀과 돈의 격차

—

2018년 여름, 족발집을 운영하던 김모 씨가 서울 강남구의 한 골목길에서 건물주를 망치로 때려 다치게 한 사건이 있었다. 세입자와 건물주 간 임대료를 둘러싼 갈등으로 벌어진 이른바 '궁중족발' 사건이다. 월 297만 원이던 '궁중족발' 상가 임대료는 건물주가 바뀌면서 보증금 1억 원에 월세 1200만 원으로 단번에 네 배가 뛰었다. 임대료 갈등은 소송으로 번졌고, 법원은 건물주의 손을 들어줬다. 곧바로 강제집행이 이뤄졌지만 김 씨가 할 수 있는 일은 버티는 것뿐이었다. 열 차례가 넘는 강제집행 과정에서 김 씨의 손가락이 부분 절단되는 사고도 있었다. 결국 분노를 참지 못한 김 씨는 건물주에게 흉기를 휘둘렀고, 1심에서 실형을 선고받았다.

사건 당시의 상가법시행령에 따르면 2018년 1월 기준으로 임대료를 5퍼센트 이상 올릴 수 없게 되어 있지만, 임대 계약을 체결한 지 5년이 지나면 이 계약갱신요구권이 사라지기 때문에 사실상 건물주가 임대료를 네 배로 올리든 400배로 올리든 제한이 없어진다. 사건 족발집의 건물주는 이것이 "자본주의가 돌아가는 방식"이라고 말했다. "제가 정한 임대료가 정당하냐 아니냐의 문제가 아니에요. 족발 가격은 족발집 사장이 정하는 거고 임대 가격은 임대인(건물주)이 정하는 거죠. 그 가격이 부당하다고 생각하거나 능력이 못 미치면 다른 데 가서 장사해야죠."

이 사건을 계기로 2018년 10월부터 임대차보호법이 일부 개정되면서 적어도 10년간은 세입자가 계약을 갱신할 수 있도록 보장해주고 있다. 그러나 김 씨는 이미 실형을 선고받은 뒤다. 김 씨의 부인 윤경자 씨는 땀의 가치를 인정받지 못하는 이 세상이 억울하다고 말한다. "제

◆ 커지는 자본의 몫, 작아지는 노동의 몫

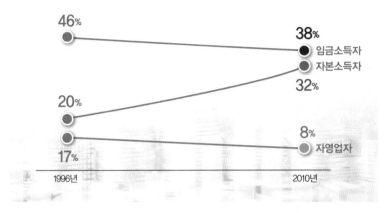

한국의 전체 국민소득 중 임금소득자와 자영업자의 몫은 지속적으로 줄어드는 반면, 부동산이나 주식으로 돈을 버는 자본소득자의 몫은 늘고 있다. (출처: 한국노동연구원, 2014)

일 밑바닥에서 성실하게 땀 흘리며 사는 사람이 잘살아야 하잖아요. 그런데 현실은 그 반대예요. 오히려 건물 한 채 가진 사람이 가만히 앉아서 더 많은 돈을 벌어들이는 구조니까."

노동보다 자본이 더 큰 돈을 벌어들이는 이러한 현상은 실제 통계에서도 확인된다. 2014년 한국노동연구원에서 한국의 전체 국민소득 중 임금노동자, 자영업자, 자본소득자의 몫이 각각 얼마인지 조사한 자료를 살펴보면, 임금노동자가 차지하는 몫은 지속적으로 줄어들고 있고, 자영업자는 몰락하고 있다. 주머니가 점점 두둑해지는 것은 부동산이나 주식을 가진 자본소득자다. 돈을 벌려면 건물주가 되거나, 대기업 주식을 많이 갖고 있어야 한다는 이야기다.

그중 부동산은 한국 사회에서 가장 큰 자산이자 가장 유용한 재산 증식 수단 중 하나다. 문제는 부동산조차 극단적인 쏠림 현상을 보이고 있다는 것이다. 국토교통부의 자료에 따르면 우리나라 땅의 97퍼센트를 인구 10퍼센트가 소유하고 있다. 주택보급률이 100퍼센트를 넘은 지 오래됐음에도 국민의 약 44퍼센트는 무주택자다. 왜일까? 답은 간단하다. 상위 10퍼센트가 너무 많은 땅과 집을 가지고 있기 때문이다. 이런 상황에서는 부동산 가격이 오르면 땅과 집을 많이 가진 사람들만 이득을 본다. 양극화가 갈수록 더 심해질 수밖에 없는 구조다. 경실련에 따르면 실제로 지난 50여 년간 땅값 상승으로 생긴 불로소득이 6700조 원이었는데, 이 중 80퍼센트 이상인 5500조 원을 상위 10퍼센트가 가져갔다.

《21세기 자본》으로 널리 알려진 프랑스 경제학자 토마 피케티는 "돈이 돈을 버는 속도가 노동해서 돈을 버는 속도보다 빠른 것을 경계해야 한다"고 말한다. 그럴수록 엄청난 소득 불평등을 초래해 전 세계에 혼란을 주기 때문이다. 그는 불평등 정도를 나타내는 '피케티 지수'를 발표했는데, 전체 자본을 국민소득으로 나눈 이 지수가 높을수록 근로소득보다 자본소득이 더 많다는 뜻이다. 우리나라의 피케티 지수는 8.28로, 4.1인 미국과 4.12인 독일의 두 배가 넘는다. 이미 노동의 가치보다 자본의 가치가 더 커져버린 대한민국 사회에서 많은 사람들이 열패감을 느낀다.

동국대학교 김낙년 교수가 한국인의 개인 소득 분포를 연구한 바에

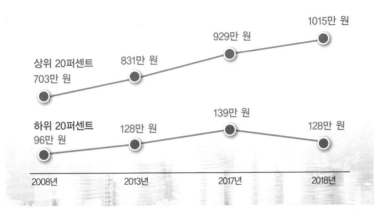

상위 20퍼센트와 하위 20퍼센트의 소득 격차는 여덟 배 가까이로, 좀처럼 좁혀질 기미가 보이지 않는다.
(출처: 통계청, 2018)

따르면, 소득 상위 10퍼센트가 전체 소득의 절반 가까이를 차지했다. 반면, 하위 70퍼센트는 전체 소득의 18.87퍼센트밖에 차지하지 못했다. 70퍼센트의 인구가 10퍼센트가 버는 돈의 절반도 못 번다는 얘기다.

그런데 이러한 소득 격차가 시간이 지날수록 완화되기는커녕 점점 더 벌어지고 있다. 통계청의 2018년 1분기 가계동향조사에 따르면, 상위 20퍼센트의 소득은 전년 대비 9퍼센트 증가한 반면 하위 20퍼센트의 소득은 8퍼센트 감소했다. 상위 20퍼센트와 하위 20퍼센트의 월소득 격차는 약 1015만 원 대 128만 원으로, 거의 여덟 배 차이가 난다. 2분기들어서는 973만 원 대 131만 원으로 차이가 다소 완화되기는 했지만 여전히 최상위 계층과 최하위 계층의 소득 격차는 크다.

더욱 심각한 문제는 이런 부의 편중이 상당 부분 세습으로 일어나고 있다는 점이다. 미국의 유명한 싱크탱크인 피터슨국제경제연구소가 10억 달러(약 1조 1120억 원) 이상을 가진 전 세계 부자들 중에 상속이나 증여로 부자가 된 비율을 조사한 결과, 중국은 단 2퍼센트만이 상속부자이고, 일본은 18.5퍼센트, 미국은 28.9퍼센트인 반면, 대한민국은 무려 74.1퍼센트가 상속부자였다. 한마디로 한국 사회에서 부자가 되려면 부자의 자식으로 태어나야 한다는 이야기다. 예를 들어 임대료가 높기로 소문난 강남의 가로수길은 2000년대 후반부터 10년 사이에 임대료가 열 배 올랐다. 이런 곳에 건물 한 채만 갖고 있다면 일하지 않아도 평생 노후 걱정은 없을 것이다. 하지만 월급만을 모아 건물주가 되기는 쉽지 않다. 가로수길 건물주의 35퍼센트는 부모에게 상속과 증여를 받았고, 심지어 10대인 건물주도 있다.

영국의 공익재단 '이퀄리티 트러스트'의 이사 리처드 윌킨슨은 불평등이 사회에 미치는 영향에 대해 다음과 같이 설명한다. "불평등은 사회적 관계에 굉장히 부정적인 영향을 미칩니다. 선택된 소수만이 돈을 버는 경제적 불평등은 결국 공동체를 빠르게 분열시킵니다. 많은 연구들은 불평등이 심해질수록 믿음이 없어지고, 지위경쟁이 일어나며, 이기적인 행동방식이 만연하고, 이타적인 분위기가 사라진다고 경고하고 있습니다."

그렇다면 경제적 불평등을 해소하기 위해 우리는 어떤 선택을 해야 할까.

소득 수준에 비례해 범칙금을 부과하는 핀란드

—

　불평등 해소의 실마리를 찾기 위해 핀란드로 가보자. 핀란드는 전 세계에서 세금 부담률이 높기로 유명하다. 동시에 세계에서 가장 행복한 나라로 손꼽힌다.

　핀란드에서 아들 하나를 키우는 할라마 씨 부부는 아내가 에너지 회사 직원으로, 남편이 국영방송 기자로 일한다. 두 사람이 적지 않은 돈을 벌지만 소득의 4분의 1가량을 세금으로 낸다. 하지만 아내는 세금 정책에 반대하지 않는다. "물론 세금을 덜 내면 좋죠. 하지만 제가 낸 세금이 이 사회를 유지하는 데 드는 비용이란 걸 알기 때문에 반대하지 않습니다." 남편 역시 큰 불만이 없다. "저는 무상으로 고등교육을 받았어요. 애를 키우는 데 드는 비용도 지원받았죠. 도서관도 잘돼 있고 핀란드에는 다른 복지제도들이 잘 갖춰져 있습니다."

　그뿐 아니다. 이들은 가난하게 사는 사람이 줄어들고 이 사회에 정말 크고 좋은 영향을 미친다면 세금을 몇 퍼센트 더 낼 수도 있다고 말한다. 세금을 내면 그것이 자신과 이웃에게 공정하게 돌아갈 것이라는 믿음이 있기 때문이다. 이는 '함께 살아간다'는 사회적 합의가 있기에 가능한 일이다.

　핀란드는 범칙금도 소득수준에 비례해 부과하는 것으로 유명하다. 모두 똑같은 범칙금을 낸다면 고소득자에게는 처벌 효과가 미미하기 때문이다. 하루 수입을 기준으로 벌금을 매기는 일수벌금제는 1921년부터 생겨난 사회적 합의이자 규칙이다. 경찰차 안에 있는 컴퓨터로 국세청에서 최신 과세 정보를 받아 소득수준에 따라 벌금을 부과하는 방식이다.

핀란드의 백만장자인 핀리틸라 그룹의 야리 바르 회장은 지난 2009년 과속으로 엄청난 벌금을 냈다. 제한속도보다 1킬로미터를 초과한 탓에 그가 낸 벌금은 우리 돈으로 자그마치 2억 원이다. 백만장자인 그에게도 적지 않은 돈이지만 야리 바르 회장은 벌금을 겸허히 받아들인다. "이게 핀란드 법이니 인정할 수밖에요."

한국에서는 2018년 여름, 정부가 종합부동산세를 10년 만에 인상하겠다고 발표했다. 온갖 매체들은 '세금폭탄'이라며 대서특필했다. 종합부동산세를 낼 일이 없는 사람들마저 마치 자신이 세금을 더 내야 할 것 같은 부담을 느껴 반발하기도 했다. 종합부동산세 인상은 정말 '세금 폭탄'일까?

어떤 사람이 서울 강남권의 재건축 아파트 세 채를 소유하고 있다고 가정해보자. 이 아파트 세 채의 시세 총합은 56억 5000만 원이고, 공시가격은 약 35억 8000만 원이다. 이 경우 2018년에 종부세로 1746만 원을 납부했을 것이다. 그런데 변경되는 정부안을 적용하면 2019년에는 특별세를 포함해 종부세를 3412만 원 내야 한다. 1666만 원 늘어난 금액이다. 언뜻 보기에는 많은 부담이 될 것 같지만 잊지 말아야 할 것이 있다. 이 아파트들의 가격은 2017년 한 해 동안 7억 원가량 올랐다.

조세 정의는 많이 벌고 많이 가진 사람을 무조건 끌어내리는 것이 아니다. 정당한 세금을 부과해서 사회의 공적인 가치를 함께 누리자는 것이다. 부의 편중을 바로잡는 데 세금이 합당하게 쓰인다면 지속 가능한 사회와 경제발전이 가능하다. 그리고 이것은 결국 한 공동체로 살아가는 부자들에게도 유리한 일이다.

캐나다의 의미 있는 기본소득 실험

—

불평등을 해소하는 또 하나의 실마리를 찾아 캐나다로 가보자. 캐나다 남동부에 위치한 온타리오주는 과거 철강산업으로 승승장구하며 캐나다의 자존심이라 불렸다. 하지만 급격한 경기 변화와 함께 많은 일자리가 사라지면서 시민의 삶도 흔들리기 시작했다.

2017년 온타리오주는 빈곤 문제를 해결하기 위해 4000명의 시민을 대상으로 기본소득 실험에 돌입했다. 온타리오주가 기본소득을 주목한 것은 이웃 매니토바주의 한 창고에 묻혀 있던 자료가 발견된 덕분이다. 매니토바 주정부가 실시했던 기본소득 실험인 '민컴(Mincome) 프로젝트' 연구 자료였다.

가난한 이민자가 많았던 매니토바 주정부는 1973년 빈곤선 이하 소득을 버는 1000여 가구에 해마다 3300달러를 지급하고 어떤 변화가 일어나는지 관찰했다. 그러나 이 프로젝트의 결과는 공개되지 못했다.

1976년 지방정부가 교체되면서 프로젝트가 중단되어버린 것이다. 새 정부는 프로젝트에 회의적이었다. 가난한 이들에게 현금을 주면 일하지 않고, 아이만 더 낳을 것이기에 재정만 축내는 낭비라고 생각했다. 정치적 지원을 잃으면서 지원금이 줄었고 결국 프로젝트는 중단되었다. 민컴 프로젝트는 편견에 가로막혀서 그 결과조차 분석되지 못한 채 창고에 30여 년간 방치되어 있었다.

하지만 매니토바대학의 에블린 포르제 교수가 묻혀 있던 기록을 찾아내 약 1000여 명의 인터뷰 기록과 통계, 그래프 자료를 분석했다. 그녀가 밝혀낸 민컴 프로젝트의 결과는 모두의 예상을 뒤엎었다. 실험에 참가한 대부분의 주민들이 기본소득을 발판 삼아 더 나은 삶을 설계했다. 현금을 주면 일하려 하지 않고 게을러질 것이라는 생각도 전혀 사실과 달랐다.

"기본소득이 노동시간에 미치는 영향은 매우 적었습니다. 단 두 집단만이 노동시간을 줄였는데 첫 번째가 기혼 여성이었습니다. 1970년대에는 출산 휴가가 4주밖에 되지 않았습니다. 기혼 여성들은 출산할 경우 기본소득을 이용해서 휴가를 좀 더 쓸 수 있었습니다. 또 노동시간이 크게 줄어든 두 번째 집단은 청소년기 남자였습니다. 그들은 좀 더 늦게 상근 일자리를 구했습니다. 고등학교를 16세에 중퇴하는 대신 1년 더 다니고 졸업할 수 있게 된 것입니다."

범죄는 42퍼센트 줄고 사람들의 입원율도 8.5퍼센트나 감소했다. 도핀이라는 작은 마을에서는 빈곤율이 제로에 가깝게 떨어졌다. 기본소득의 가능성을 보여준 민컴 프로젝트의 놀라운 결과는 이제 전 세계를 기본소득 실험으로 이끌고 있다.

오늘날 캐나다뿐 아니라 나미비아나 우간다와 같은 아프리카의 가난한 나라부터 핀란드, 독일, 네덜란드, 스페인 같은 유럽 국가까지, 전 세계는 지방자치단체나 민간을 통해 기본소득을 실험 중이다. 미국에서는 최첨단 기술이 만들어지는 실리콘밸리에서도 기본소득에 대한 관심이 높다. 페이스북 CEO인 마크 저커버그는 기본소득의 필요성에 대해 이렇게 이야기했다.

"이제 새로운 사회계약을 확정할 때가 왔습니다. 이제 사회 진보는 국내총생산(GDP)과 같은 경제적 지표가 아니라 얼마나 많은 이들이 의미 있게 사느냐와 같은 기준으로 측정되어야 합니다. 우리는 기본소득과 같은 생각을 모색해야 합니다. 기본소득은 모든 사람이 새로운 생각을 펼칠 수 있도록 안전판 역할을 할 것이기 때문입니다."

미국의 대표적인 전기차 업체 테슬라의 CEO인 일론 머스크는 기본소득이 이제 불가피한 선택이라고 말한다. "대량 실업에 우리는 어떻게 대응해야 할까요? 이는 분명 우리 사회가 넘어서야 할 엄청난 도전입니다. 우리는 결국 기본소득과 같은 제도를 마련해야 할 겁니다. 기본소득 도입은 선택의 여지가 없습니다."

이들은 왜 이렇게 기본소득을 주목하는가. 앞으로는 일자리가 더 늘어나지 않는 시대가 올 것이라는 사실을 누구보다 잘 알기 때문이다. 사람들이 일자리가 없어 돈을 벌지 못하면 소비가 줄어든다. 결국 기

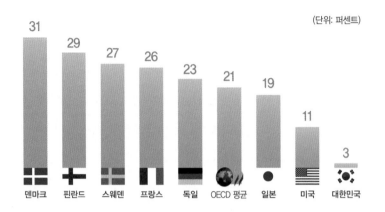

◆ 가구소득 중 국가에서 받은 몫

(단위: 퍼센트)

31 덴마크
29 핀란드
27 스웨덴
26 프랑스
23 독일
21 OECD 평균
19 일본
11 미국
3 대한민국

가구소득 중 국가로부터 직접 받는 돈이 얼마나 되는지를 나타내는 공적이전 비중을 보면, 한국은 OECD 평균인 21퍼센트에도 한참 못 미치는 3퍼센트에 불과하다. (출처: OECD, 2012)

업의 이윤도 감소해 시장경제가 위태로워진다. 소비를 유지하기 위해서라도 기본소득을 나눠줄 때가 됐다는 이야기다.

한 가구가 버는 소득 중에서 국가로부터 직접 받는 돈이 얼마나 되는지를 나타내는 공적이전 비중을 보면 OECD 평균적으로는 21퍼센트다. 덴마크나 핀란드, 스웨덴 같은 북유럽 국가에 사는 사람들은 소득의 30퍼센트 가까이를 나라로부터 받는다. 그런데 한국은 국가로부터 받는 몫이 소득의 3퍼센트밖에 되지 않는다. 기술이 발달하고 노동으로 돈을 벌 수 없는 인구가 늘어나면 현금으로 지급되는 복지는 더 늘어나야 할 수밖에 없다. 이것이 바로 세계가 기본소득에 주목하는 이유다.

공존은 결국 상생이다

———

페루에는 장벽이 하나 있다. 리마시 남동쪽에 세워진 높이 3미터, 길이 10킬로미터의 긴 장벽이 빈민촌과 부촌을 가르고 있는 것이다. 수영장 딸린 고급 주택가에 사는 주민들이 안전을 이유로 세운 것이다. 이 장벽을 보면서 빈민촌 주민들은 어떤 생각을 할까. "페루 사람들도 어떻게 이런 장벽이 세워질 수 있는지 의아하게 생각합니다." "사람들은 부촌과 우리를 가로막고 있는 이 장벽을 '수치의 장벽'이라고 불러요."

어쩌면 한국 사회도 눈에 보이지 않을 뿐, '수치의 장벽'에 가로막혀 있는지도 모른다. 부의 편중과 대물림이 바람직하지 않다는 점에는 누구나 공감할 것이다. 사회·경제적 이동성이 낮은 사회는 미래가 밝지 않기 때문이다. 그러나 현실을 나타내는 지표들은 그리 희망적이지 않다.

요즘 아이들에게 꿈을 물으면 대부분 공무원 아니면 건물주라고 답한다고 한다. 어른들은 이런 이야기를 듣고 아이들이 꿈이 없다고 우려한다. 하지만 왜 아이들이 그런 획일적인 꿈을 갖게 되었는지 이제 전 사회 구성원이 고민해야 한다. 국회의장이 본회의장에서 두드리는 망치와 목수가 못을 박으면서 두드리는 망치의 가치가 동등하게 인정받아야, 아이들도 꿈을 다양하게 가질 수 있다.

얼마 전 인터넷에서 화제가 되었던 그림 하나가 있다. 야구장 펜스 밖에서 경기를 관람하는 상황을 비교한 두 개의 그림이다. 한쪽 그림

'공평함'은 모든 사람이 재화를 똑같이 나누는 것이 아니라, 누구나 자신이 처한 상황을 개선하는 데 필요한 만큼 재화를 받음으로써 같은 조건에 서는 것이다.

에서는 키가 다른 세 사람이 똑같은 높이의 상자를 하나씩 딛고 서 있다. 그중 키가 작은 사람은 경기를 아예 볼 수 없다. 다른 한쪽 그림에서는 가장 큰 사람이 가장 작은 사람에게 자신의 상자를 양보했다. 가장 작은 사람이 두 개의 상자를 딛고 올라서면서 세 사람 모두가 경기를 볼 수 있게 되었다. 이 그림에는 '평등은 정의를 의미하지 않는다(Equality doesn't mean justice)'라는 제목이 붙어 있다. 평등함(equality)과 공평함(equity)의 문제에 대해 근본적인 의문을 제기하는 그림이다.

그림 속의 세 사람이 밟고 선 상자들은 사회의 공공자산과 같다. 내 아이가 행복하려면 내 아이의 친구도 마땅히 행복해야 한다는 사회적 합의가 이루어져야 한다. 결국 공존이 상생의 긴임을 놓치지 않을 때, 기울어진 운동장을 복원하는 길도 열릴 수 있을 것이다.

희망의 사다리 다시 세우기

이건협 PD

　현장은 참혹했다. 20년 넘게 시사 프로그램을 제작하며 대구 지하철 화재 참사 현장부터 무연고자 시신 부검장까지 녹록지 않은 현장은 다 다녀봤지만, 사망한 지 1주일이 넘어 발견된 이 고독한 죽음은 그 무게를 감당해내기 힘들었다. 아수라장 같은 집 안 상황도 그랬지만, 그가 죽음을 앞두고 감내해야 했을 수렁 같은 고독의 깊이는 그 뒤로도 꽤 오랫동안 뇌리에서 사라지지 않았다. 그런데 한 달여 남짓 되는 취재 기간 동안 또 다른 고독사 사건들이 하루가 멀다 하고 일어났다. 거의 대부분의 고독사는 심각한 경제적 빈곤과 함께 벌어진다는 공통점이 있다. 때로 이런 사건들은 송파 세 모녀 사건, 구미 원룸 부자 사망 사건처럼 국민들의 큰 관심을 끌기도 했지만, 대부분은 그 관심이 오래가지 못했다. 국민소득 3만 달러 시대를 말하는 대한민국의 슬픈 자화상이다.

　물론 경제적 수준이 행복의 전제조건은 아니지만 우리가 살아가는 자본주의 사회에서는 그것이 가장 중요한 조건 중 하나라는 것을 누구도 부정할 수 없을 것이다. 그러면 우리나라는 경제적으로 얼마나 행복할까? 현대경제연구원에서 2017년 발표한 자료를 보면 우리나라 국민들의 '경제행복지수'가 5년 만에 최저치를 기록했고 특히 '경제적 평등' 항목은 10년 내 최저 수준이었다. 연소득 2000만 원 미만의 저소득층이 느끼는 '경제행복지수'는 연소득 8000만 원 이상의 고소득층의 절반 수준에 머물고 있다.

문제는 이런 계층 간의 경제적 불평등이 더욱 심화되고 있다는 점이다. 2017년 KB경영연구소의 자료를 보면 금융자산이 10억 원 이상인 개인들의 금융자산 규모가 2012년 366조 원에서 2016년 552조 원으로 두 배 가까이 늘어났고, 2016년 기준 전체 국민 중 상위 0.47퍼센트가 가계 총 금융자산의 16.3퍼센트를 가지고 있는 것으로 나타났다. 2016년 가계금융복지조사 미시 자료를 보더라도 상위 10퍼센트의 소득이 전체 소득에서 차지하는 비중은 1999년 24.4퍼센트에서 2015년 34.3퍼센트로 거의 10퍼센트포인트 이상 늘어났다.

거기다 이런 경제적 격차가 자녀에게 대물림되고 계층 간 이동도 힘겨워지면서 우리 사회가 또 다른 형태의 세습 시대로 접어들었다는 우려 섞인 목소리도 커지고 있다. 실제로 광주과학기술원의 김희삼 교수가 한국노동패널조사를 이용해 소득 분포의 세대 간 이동성을 측정한 결과, 최하위 25퍼센트 임금을 받는 아버지로부터 최상위 25퍼센트 임금을 받는 아들이 나오는 비율은 18퍼센트밖에 되지 않지만 최상위 임금을 받는 아버지로부터 최상위 임금을 받는 아들이 나오는 비율은 36퍼센트로 두 배나 되었다. 또 부모가 소득 하위 10퍼센트이거나 소득 상위 10퍼센트인 경우에 자녀들도 그 계층에 머물 가능성이 90퍼센트나 되었다.

부모의 직업도 대물림되고 있다. 한국노동연구원이 2017년 발표한 〈직업 계층 이동성과 기회 불균등 분석〉 자료를 보면 어머니의 직업이 고위 임직원이나 관리자, 전문가일 경우 자녀들도 그런 직업을 가질 확률이 45.5퍼센트였지만 어머니가 서비스업이나 판매직 종사자 등일 경우 자녀들이 높은 사회적 지위로 인정받는 직업에 종사할 확률은 17.1퍼센트밖에 되지 않았다.

이렇게 사회 이동성이 낮아지면 우리 사회의 자원이 대물림과 같은 덜 생산적이고 비효율적인 방법으로 분배되고, 결국에는 국가 전체의 생산성과 경제성장에도 부정적인 영향을 미친다.

물론 이런 현상이 그 사회의 통합과 발전에 도움이 되지 않는다는 점은 누구나 인정한다. 그러나 그 해법을 놓고 우리 사회는 여전히 진통을 겪고 있다. 문재인 정부가 가장 핵심적인 경제 정책으로 내놓은 '소득 주도 성장'이 지난 2018년 한 해 동안 첨예한 논쟁거리가 된 것이 가장 대표적인 예다.

불평등은 한두 가지 정책만으로 해결할 수 있는 문제가 아니다. 고용과 노동, 성장과 분배, 대기업과 중소기업, 조세 형평성, 교육 등이 종합적으로 고려되어야만 한다. 하지만 잊지 말아야 할 것은 어떤 정부나 정책이라도, 단기간에 빠른 효과를 내려 한다면 만만찮은 부작용을 겪을 수밖에 없다는 점이다.

그런 의미에서 우리가 관심을 가져야 할 부분이 있다. 바로 우리 사회의 가용자원을 국민의 인생주기에서 최대한 이른 시점에 투입하는 것이다. 2018년 사립유치원 사태에서도 드러났지만, 우리 사회의 불평등은 이미 유아기 때부터 시작되고 성인이 될수록 더욱 고착화된다. 따라서 이 단계에 가능한 한 많은 자원을 투입한다면 출발 시점에서의 격차를 줄여볼 수 있지 않을까.

실제로 미국 시카고대 제임스 헤크먼 교수의 연구에 따르면, 유아기가 인적 자원에 대한 투자 수익률이 가장 높은 단계라고 한다. 즉 저소득층 대학생에 대한 등록금 지원이 투자한 만큼 일대일의 효과를 낸다면, 초중등 단계에서는 1 대 3, 유아 단계에서는 1 대 8의 효과를 낸다고 한다. 헤크먼 교수는 "저소득층 유아에게 집중 투자한다면 이들의 소득이 늘어남은 물론 사회적으로도 빈곤율 감소 측면에서 더 큰 효과를 거둘 수 있다"고 말한다.

또 하버드대 라지 체티 교수 연구팀이 미국을 700여 개 지역으로 나눠 지역별 사회 이동성과 여러 지역 특성 간의 상관관계를 분석해본 결과, 대학 이전 시기의 교육에 대한 투자가 높은 지역일수록 사회 이동성이 높은 것으로 나타났다.

이미 크게 벌어진 격차를 줄여나가려는 노력도 필요하겠지만, 애초에 모두의 출발선이 같도록 미래 세대를 위해 우리가 할 수 있는 일이 있다면 그 선택을 늦출 이유는 없을 것이다.

明見萬里

2장

'교육 사다리'는 필요한가

—

올라가지 않아도 되는 사회

明
見
萬
里

'가난한 어린이'가 '가난한 대학생'이 되고,

'가난한 회사원'이 되었다가 '가난한 부모'가 되어

다시 '가난한 어린이'를 낳는 고리를 어떻게 끊을 수 있을까.

우리 교육이 한 곳을 향해 올라야 하는 수직의 사다리가 아니라

사방팔방으로 놓인 수평의 다리들이 된다면?

이제 완전히 다른 교육 패러다임이 필요하다.

'교육 사다리'는 필요한가

올라가지 않아도 되는 사회

계층 대물림의 통로가 된 교육

—

'당신의 나라에서 청년이 성공하기 위해 가장 중요한 요소는 무엇인가?'

청년들에게 이와 같은 질문을 던지면 어떤 답변이 나올까? 광주과학기술원 김희삼 교수가 2017년 한국, 중국, 일본, 미국의 4개국 대학생 4000명을 대상으로 이와 같은 질문을 던졌다. 〈청년의 성공요인에 관한 인식조사〉 결과, 중국과 일본의 대학생은 1순위로 '재능'을, 미국은 '노력'을 꼽았다. 반면 한국의 청년들은 압도적으로 '부모의 재력'을 꼽았다. 재능과 노력보다는 부모의 재력이 성공의 우선 조건이라고

◆경제적 배경에 따른 아동 지능 변화

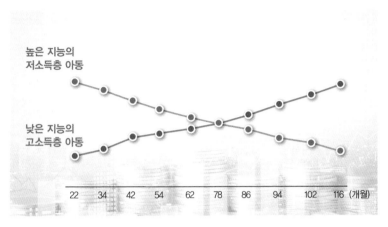

높은 지능의
저소득층 아동

낮은 지능의
고소득층 아동

22 34 42 54 62 78 86 94 102 116 (개월)

부모의 재력이 아이의 지능에 미치는 영향을 조사한 결과, 고소득층 아동의 지능은 점점 높아지고, 저소득층 아동의 지능은 낮아지는 결과가 나왔다. (출처: Feinstein)

답한 것이다.

이 설문 결과가 혹시 우리나라 청년들의 엄살은 아닐까. 그게 아니면, 어려운 환경이라도 열심히 노력하면 얼마든지 성공할 수 있었던 '개천 용'의 시대는 이제 지나가버린 것일까. 우리 청년들의 사정이 어떤지 생애 시기별로 한번 살펴보자.

먼저 어린 시절에는 부모의 재력이 성장에 어떤 영향을 미칠까. 생후 22개월 된 아이들의 지능이 가정 배경에 따라 열 살이 될 때까지 어떻게 변하는지를 추적 조사한 결과에 따르면, 시간이 지남에 따라 높은 지능을 가졌던 저소득층 아이들의 지능은 점점 낮아지고, 낮은 지능을 가졌던 고소득층 아이들의 지능은 점점 높아져 취학연령 무렵부터 아이들의 지능 수준이 역전되고 만다. '용의 씨는 골고루 뿌려진다'는 말처럼 재력의 유무와 관계없이 재능 있는 아이들은 어느 가정에서나 태어나지만, 타고난 재능이 가정 배경에 의해 사장되거나, 타고난 재능이 모자라도 가정 배경으로 개발되는 것이 현실이다.

좀 더 자라 중고등학생이 되면 어떨까. 2017년 기준 791개의 학원이 밀집해 있는 우리나라 사교육 1번지인 서울 강남의 대치동 학원가에서 나오는 이야기들은 사교육과 경제적 지원이 절대적 영향을 미치는 대한민국 입시 현실을 고스란히 보여준다.

"개인이나 소규모 팀으로 집중 강의를 받으려면 과목당 한 달에 250만 원, 여러 과목을 같이하면 할인해서 다섯 과목에 1000만 원 정도예요."

"대출을 받아서까지 아이를 고1 때부터 강남에 있는 학원에 보냈어요. 학원에 다니면서도 주요 과목은 개인 레슨을 다 받았고요. 결과요? 서울대에 들어갔죠."

"어릴 때부터 원어민 수업을 받았던 아이들을 그렇지 않은 아이들이 따라가는 건 불가능하다고 봐요. 대학에 가고 성인이 돼서 노력으로 따라잡을 수 있는 수준이 아니에요."

2006년부터 10년간 가구당 월 평균 교육비를 조사한 결과에 따르면, 우리나라 고소득 가정과 저소득 가정의 교육비 차이는 꾸준히 늘어 2016년에는 약 52만 원 대 5만 원으로 열 배가 넘는 것으로 나타났다. 국민 각자가 사신의 형편에 따라 교육비를 지출하는 것은 자연스러운 일이지만, 가장 공정하게 균등한 기회가 주어져야 할 교육이 돈의 영향을 많이 받고, 그 영향이 고스란히 아이의 미래에 직결되는 것은 공정한 사회의 모습이 아니다.

자녀들이 대학에 들어가는 데 부모의 경제력이 얼마나 영향을 미치는지 조사한 구인회 서울대 사회복지학과 교수는 교육이 오히려 계층 격차를 확대시키는 수단이 되었다고 말한다.

"10년간 4년제 대학 진학률을 추적 조사해봤더니, 고소득층 자녀는 72.9퍼센트가 진학했지만 저소득층 자녀는 39.3퍼센트만이 진학했습니다. 부모 세대의 소득 격차가 자녀 세대의 소득 격차와 사회경제적 지위 격차로 이어지는 거죠. 우리나라에서 사회경제적 지위는 상당 정도 대학 교육으로 결정되기 때문에 이미 세대 간 계층 격차가 고착화되거나 악화되는 메커니즘이 작동하기 시작했다고 봐야 합니다."

2018학년도에 서울대학교에 합격한 학생들의 출신 고등학교를 분석해보면, 자율형사립고와 영재학교, 외국어고, 과학고 등의 특수목적고에서 합격자가 많이 나온 것을 알 수 있다. 이들 학교 학생들의 경제적 배경 역시 구 교수의 조사 결과와 맥락을 같이했다. 학교 유형별로 살펴보면, 특수목적고의 경우에는 가구 소득이 500만 원 이상인 학생이 50.4퍼센트, 자율형사립고는 41.9퍼센트나 됐지만, 일반고등학교는 19.2퍼센트, 특성화고는 4.8퍼센트에 불과했다. 가정의 소득 격차가 교육투자의 격차로 이어지고, 이 교육투자의 격차가 다시 대학 진학의 격차를 낳고 있다.

◆ 2018학년도 서울대 합격자 배출 순위

1위	S예고	67명	8위	H외고	34명	15위	M외고	28명
2위	S과학고	57명	9위	J과학고	33명	16위	L과학고	27명
3위	H자사고	55명	9위	M자사고	33명	17위	N자사고	26명
3위	Y자사고	55명	11위	J자사고	31명	18위	K일반고	24명
5위	D외고	53명	12위	S자사고	30명	19위	K특목고	23명
6위	K과학고	51명	13위	H예고	29명	19위	H특목고	23명
7위	D과학고	47명	13위	D과학고	29명			

2018학년도에 서울대 합격자를 가장 많이 배출한 상위 스무 개 학교 중 열여섯 곳이 자율형사립고, 영재학교, 외국어고, 과학고 등의 특수목적고다.

한편 서울대학교는 2005년에, 출신 고등학교 교장의 추천을 받은 학생을 대상으로 수능 점수가 다소 낮더라도 발전 가능성을 보고 선발하는 지역균형선발 제도를 도입한 바 있다. 2005년 당시 특수목적고 학생 중심의 특기자 전형, 지역균형선발 전형 그리고 일반 전형으로 입학한 서울대 학생들의 4년간 학점을 추적 조사했는데, 입학했을 때는 지역균형선발 전형 학생들이 특기자 전형 학생들보다 학점이 낮았다. 하지만 2년이 지난 시점부터 역전하기 시작해 졸업할 무렵에는 지역균형선발 전형 학생들이 가장 높은 학점을 유지했다. 이 자료가 의미하는 바는 수능 시험에서 서울대에 입학할 수 있는 성적을 냈다고 해서 그 학생들만이 진짜 인재인 것은 아니라는 사실이다. 가정 형편

◆ 입학 유형별 서울대 학생의 학점 변화

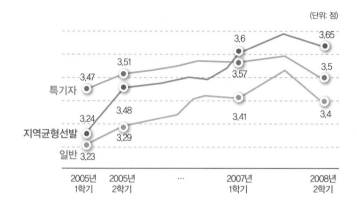

(단위: 점)

특기자 3.47 · 3.51 · 3.6 · 3.65
3.57 · 3.5

지역균형선발 3.24 · 3.48 · 3.41 · 3.4

일반 3.23 · 3.29

2005년 1학기 · 2005년 2학기 · … · 2007년 1학기 · 2008년 2학기

서울대 학생들의 학점 변화를 입학 유형별로 추적 조사한 결과, 입학 2년이 지난 시점부터 지역균형선발 전형 학생의 학점이 특기자 전형 학생들의 학점을 추월했다. (출처: 백순근·양정호, 2009)

이 어려운 학생들도 환경적인 뒷받침을 받으면 얼마든지 재능을 개발할 수 있다는 것이 증명된 셈이다.

부서진 사다리, 수저 불변의 법칙

───

부모의 학력과 직업에 따른 기회 불평등 정도를 보여주는 '개천 용 불평등지수'라는 것이 있다. 가정 배경이 본인의 소득에 영향을 주지 않는 가상의 사회, 즉 기회가 완전히 평등한 사회였다면 최상위 10퍼센트 소득자가 되었겠지만 기회가 불평등해 그렇게 되지 못한 사람이 얼마나 되는지를 조사한 지수다. 2000년대 초반에는 그런 사람이 열 명 중 두 명꼴이었지만 2013년에는 열 명 중 네 명 가까이로 늘어났다. 부모의 재력이 받쳐주지 않은 상태에서 개인의 노력만으로 계층 상승의 사다리를 타고 올라가기가 얼마나 힘든지를 보여주는 결과다.

서울의 한 자취촌에 사는 지방 출신 A씨는 집안의 기대를 한 몸에 받고 서울 상위권 대학에 들어갔다. 하지만 졸업을 미루고 1년째 취업 준비 중이다. 그는 취업 준비만 해도 부족할 시간에 두 개의 아르바이트까지 하고 있다. 학자금을 갚고 부족한 생활비를 벌기 위해서다. 그렇게 일하지 않으면 대출금을 상환할 수 없다.

"지금 빚이 1800만 원 있어요. 첫 시작은 만 19세 때 받은 학자금 대출이었어요. 식비, 교통비, 공과금, 월세까지 생활비만 최소 100만 원은 있어야 하니까 아르바이트를 두 개씩 하고 있는데, 학기 중에는 주말까지 일해도 80~90만 원 정도밖에 못 벌어요. 대출금에 생활비, 학교에서 드는 비용까지 제가 다 마련해야 하니까 다음 학기에도 생활비 대출을 또 받을 수밖에 없어요. 솔직히 집에서 돈 받아가면서 공부만 하는 친구들을 보면 상대적 박탈감이 들지만 그런 걸 부러워할 여유도 없어요."

취업포털 사이트 잡코리아가 2015년 1000여 명의 대학 졸업생을 대상으로 조사한 결과, 응답자의 절반이 넘는 58.4퍼센트가 빚이 있다고 답했다. 1인당 평균 부채 금액은 1321만 원으로 집계됐다. 대학생들이 이렇게 많은 빚을 지는 이유는 90퍼센트 이상이 학비 때문이었다.

우리나라의 대학 등록금은 OECD 국가 중에서 다섯 손가락 안에 들 정도로 높다. 2017년 기준 평균 대학 등록금은 1인당 연간 671만 원, 4년이면 2700만 원이다. 대학생에게 필요한 돈은 등록금만이 아니다. 수업에 필요한 교재도 사야 하고, 밥값도 있어야 하고, 스펙을 쌓기 위한 각종 학원비에 시험 준비 비용도 만만치 않다. 1인당 들어가는 비용을 모두 합하면 4년간 평균 8500만 원이 든다.

2006년에는 54만 명이 1조 7000억 원의 학자금 대출을 받았는데, 2015년에는 92만 명이 3조 2000억 원을 대출받았으니 10년 사이에 학자금 대출 규모가 두 배 가까이 늘어난 셈이다. 심지어 연체자는 같은 기간 1만 8000명에서 9만 명으로 다섯 배 넘게 증가했다.

한국신용정보원의 자료에 따르면, 대출을 제때 못 갚고 연체하는 비율이 19세부터 급격히 증가하여, 25세 때 전 연령대 중 가장 높은 연체율을 보였다. 그런가 하면 고금리인 제2, 제3 금융권을 이용하는 비율도 20대가 가장 높다. 일정 소득이 없는 대학생이나 취업준비생은 금리가 안정적인 은행 대출을 이용하기 어렵기 때문이다. 한창 사회에서 활약해야 할 청년들이 학자금 대출에 고금리의 다중 채무까지 빚독촉에 시달린다.

대출 상환을 연기하기도 쉽지 않다. 충분한 소득이 없어 상환이 어려운 상태여도 유예는 불가능한 경우가 많고, 정부가 내놓은 서민금융 지원 제도도 4대 보험에 가입되어 있어야 하는 등 문턱이 높다. 청년에 대한 사회적 안전장치가 너무나 부족하다.

N포 세대, 빚의 굴레에 갇힌 청년들

―――

이 시대 청년들이 어렵다는 건 알지만, 실제로 인생 경로에서 얼마나 금전적인 어려움을 겪는지, 생애주기 동안 얼마만큼의 빚 부담을 지며 살아가야 하는지 피부로 와 닿지 않을 수도 있다. 통계청, 한국은행, 국민은행, 하나금융연구소 등에서 발표한 데이터를 바탕으로 이 시대 청년들의 인생 시나리오를 작성해보자.

청년 A씨는 만 19세에 대학에 입학하면서 학자금 대출을 받는다. 여기에 대학 4년간의 생활비와 취업 준비 비용까지 더해져 2203만 원의 빚을 진다. 열심히 노력해 29세에 드디어 취업에 성공한다. 직장을 얻었으니 빚을 갚아나가야 하지만, 결혼이라는 인생의 새로운 전환점을 맞이한다. 33세에 결혼하면서 결혼 비용과 주택자금으로 또 빚을 지게 돼 부채는 6695만 원으로 불어난다. 자녀가 태어나며 보육비도 만만치 않기에 허리띠를 더욱 졸라맨다. 그렇게 열심히 일하다 53세에 은퇴한다. 마침내 부채도 털고 내 집 마련에 성공하는 나이는 68세. 빚의 굴레에 갇혀 청춘도, 꿈도, 미래도 없이 살아온 그에게 남은 것은 집 한 채가 전부다.

이렇듯 지금의 청년들은 우리나라에 최초로 등장한 '부채세대'다. 아마 이 시나리오 정도만 되어도 좋겠다고 말하는 청년이 많을 것이다. 그만큼 청년들의 상황은 힘겹다. 공부도, 결혼도, 출산도 모두 부채가 되는 현실은 'N포 세대'를 탄생시켰고, 청년들은 빚과 함께 미래를 잃어버렸다고 이야기한다.

"저는 이미 결혼을 포기했어요. 저 하나 하루하루 살아가는 것이 목적이 되어버렸죠. 요새 받는 문자란 문자는 전부 무슨 저축은행 아니면 대부업체에서 오는 거예요. 친구들도 만나고 문화생활도 하고 싶은데 돈이 드니까 할 수가 없어요. 한 시간도 허투루 보내지 않고 열심히 살고 있는데 왜 빚더미에서 내려올 수 없을까요?"

이러한 상황을 두고 '젊은이들만 힘드냐, 다 힘들게 살았다'라고 말하는 기성세대도 있을 수 있다. 물론 예전에도 대학을 가기 위해서 빚을 졌다. 그런데 지금 청년들이 떠안고 있는 빚을 과거에는 가족이 함께 부담했다. 부모가 그동안 모아놓은 재산을 탈탈 털고, 그래도 모자라면 소도 팔고 반지도 팔아 어떻게든 등록금을 마련했다. 대신 자녀는 대학을 졸업한 뒤 좋은 회사에 취직해서 부모가 진 빚을 금방 갚을 수 있었다. 그러나 지금 청년들이 빚을 갚기란 쉬운 일이 아니다. 지금은 어려운 일이 옛날에는 어떻게 가능했을까.

1980년 불과 11.4퍼센트였던 대학 진학률은 매년 꾸준히 증가했다. 1996년 대학정원 자율화 조치로 전국 대학들이 정원을 크게 늘리면서 진학률은 큰 폭으로 뛰었고, 이후로도 꾸준히 증가해 최근에는 70퍼센트대를 기록하고 있다. 이렇게 대학생이 늘어나면 졸업 후 일자리 경쟁은 치열해질 수밖에 없다. 1980년 대학 졸업생의 취업률은 73퍼센트에 달했지만, 2014년에는 56.6퍼센트로 줄어들었다. 대학을 졸업해도 두 명 중 한 명밖에 취업을 못 하는 실정이다.

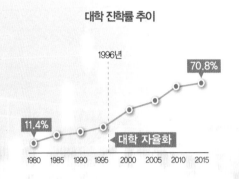

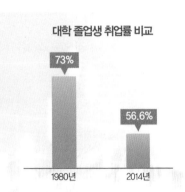

대다수의 청년들이 빚을 내서라도 대학에 가지만, 대학을 졸업해도 취업이 어렵다. 청년이 한번 빚을 지면 그 굴레에서 벗어나기 어려운 이유다. (출처: 한국교육개발원)

1980년대 대한민국의 경제성장률은 무려 8.6퍼센트였다. 그야말로 초고속 성장 시대여서 대학 졸업도 하기 전에 기업의 입사 제의를 받았을 정도로 취업이 잘되던 시절이었다. 그에 반해 2018년 경제성장률은 겨우 2퍼센트대다. 경제적으로 빠르게 성장했던 풍요의 시대에는 청년들에게 기회가 많았기에 20대에 다소 빚을 지더라도 안정적인 회사에 취업해서 금방 갚을 수 있었다. 하지만 지금은 누구나 대학에 가는 시대이고 대학을 나와도 좋은 일자리가 없다 보니 청년들이 빚을 지면 그 굴레에서 벗어나기가 어렵다.

대학에 안 가고 일찍 취업을 하면 되지 않나 생각할 수 있지만 대학 졸업자와 고교 졸업자의 임금 격차 수준을 보면 다들 왜 대학에 가려는지 알 수 있다. 교육부와 한국교육개발원이 2018년에 발표한 〈OECD 교육지표 2018〉을 보면, 2016년 기준 25~64세 한국 성인의 학력별 임금은 차이가 상당했다. 고교 졸업자가 100의 임금을 벌 때 전문대 졸업자는 116을, 대학 졸업자는 149를, 대학원 졸업자는 198을 벌었다. 고교 졸업자에 비해 대학을 졸업한 사람은 1.5배, 대학원을 졸업한 사람은 두 배 더 많은 임금을 받고 있는 것이다.

어느 사회에나 빈부 격차가 있겠지만, 빈부 격차를 어떻게 해결해나가려고 하는지, 빈부 격차를 뛰어넘을 수 있는 사다리가 있는지 그리고 그 사다리를 이용할 기회가 공평하게 주어지는지는 그 사회가 발전하고 통합을 이루는 데 중요한 문제다.

한 사회에서 사다리를 통해 계층이동이 일어나는 정도를 '사회 이동성'이라고 한다. 대한민국의 사회 이동성은 어떤 상태일까? 복지패널 조사 자료에 의하면, 저소득층이 중산층 이상으로 올라서지 못하고 다음 해에도 저소득층으로 남는 비율이 2006년 67.6퍼센트에서 2013년 77.4퍼센트로 증가한 것을 확인할 수 있다.

청년이 살기 좋아야 나라의 미래가 밝다

───

부서진 계층 사다리를 다시 잇기 위해 '대학 등록금을 낮추자', '사회가 청년에게 재정적인 지원을 하자'는 등의 대안이 고려되고 있다. 이러한 것들이 가능하려면 사회가 청년에게 왜 지원해야 하는가에 대한 사회적 합의가 필요하다. 이와 같은 문제에 먼저 직면해서 해결책을 강구하고 있는 다른 나라의 사례를 한번 살펴보자.

　세계 최고의 대학 등록금을 자랑하는 나라 미국도 우리와 사정이 크게 다르지 않았다. 2009년 금융위기 이후 취업이 힘들어지자 미국에서는 대학 진학자가 폭발적으로 증가했다. 하지만 취업하기 위해 대학에 진학한 청년들에게 남은 것은 일자리가 아니라 쌓여만 가는 학자금 부채였다. 참다못한 청년들이 2011년 미국 월스트리트로 몰려나왔다. 당시 3개월이 넘도록 청년들의 시위가 이어졌는데, 그들의 구호는 '빚 파업(Strike debt)'이었다. 이 시기 미국 청년 1인당 학자금 대출액이 3000만 원이 넘었고, 청년 실업률은 14.7퍼센트에 달했다. 대학을 졸업해도 취업하기 힘든 상황에서 학자금 빚에 시달리던 청년들은 더 이상 빚을 못 갚겠다며 손을 들었다. 지금까지도 4000만 명 이상의 미국 대학 졸업생들이 학자금 부채에 시달리고 있고, 부채 규모는 1조 3000억 달러, 우리 돈으로 무려 1560조 원에 달한다.

　이에 미국의 오리건주에서는 2014년 청년들의 학자금 부채 문제를 해결하기 위해 '소득 나눔형 학자금 제도'라는 새로운 대안을 제시했다. 취업 후 소득의 3퍼센트를 일정 기간 지불한다는 조건 아래 상환 의무 없이 학자금을 지원하는 제도다. 학자금을 오로지 개인이 부채로 부담하는 게 아니라 사회 전체가 나눠 부담하자는 데 합의가 이루어진 것이다. 미국 내 28개 주에서 이 정책의 도입을 검토하고 있다. "대학 교육은 사치품이 아니라, 경제적 계층 이동을 가능하게 하는 필수품이다"라는 뉴욕 주지사 앤드루 쿠오모의 말에서 드러나듯이, 자본주의의 최전선에 있는 미국에서도 대학 교육에 대한 생각의 변화가 일고 있으며, 청년들의 부채 문제를 해결하기 위해 사회가 적극적으로 개입하고 있다.

그렇다면 청년이 국가 성장을 담보할 미래의 인력이라는 생각이 탄탄히 자리 잡은 유럽은 어떨까? 세계적인 복지국가로 손꼽히며 공교육의 천국으로 알려진 네덜란드로 가보자. 네덜란드에서 대학을 다니는 링게르버그 씨는 이렇게 말한다.

"매달 정부로부터 270유로(32만 원)의 학생 지원금을 받습니다. 제가 졸업장을 받으면 그 돈은 상환할 필요가 없어요. 정부가 주는 혜택입니다. 교재비, 식비 등을 이 지원금으로 많이 해결하고 있어요. 또 정부에서 대학생 전용 교통카드를 제공하고 있어서 대중교통을 무료로 이용하는데 그 돈도 월 250유로(30만 원)가량 됩니다. 정부 지원금은 심지어 유학 중에도 나와요."

링게르버그 씨는 주거비를 아끼기 위해 또래 친구들과 함께 생활하는데, 주거비 부담도 거의 없다. 아파트 월세가 약 720유로(90만 원 정도)로 비싸지만 그 가운데 절반을 정부의 주택 보조금으로 충당하고 있기 때문이다. 이러한 지원은 대학 4년 내내 계속된다. 짬을 내 잠시 하는 아르바이트 수입과 정부 지원금 덕분에 그는 빚을 지지 않아도 생활에 아무런 어려움이 없다. 최근 학자금 대출을 받았으나 상환에 대한 부담감은 없다. "지금 2만 유로(2400만 원) 정도의 빚이 있어요. 꽤 큰 금액이지만 걱정하지 않아요. 공부를 마치고 취직할 때까지 갚지 않아도 되고, 상환을 몇 년 연기할 수도 있으니까요."

네덜란드의 학자금 대출 금리는 0퍼센트다. 상환은 30년에 걸쳐 진행되고 그 뒤에는 전액 면제된다. 나라에서 지원받으며 경제적 부담 없이 학업에 전념하는 네덜란드 대학생들의 모습은 취업에 목매는 대한민국 대학생들과 사뭇 다르다.

부럽기만 한 유럽의 청년 지원 정책의 배경에는 그들만의 교육 철학이 있다. 네덜란드 교육문화과학부 마리에드 부세마커 장관은 "정부에서 학생 한 명당 연간 6000유로(720만 원)를 투자합니다. 전체적인 시스템은 국가재정으로 이루어져요. 왜 이렇게까지 투자하느냐고요? 단지 청년을 노동시장에 공급하기 위해서만은 아니에요. 청년이 고등교육을 받음으로써 갖게 되는 책임감과 시민의식이 사회에 기여하는 바가 크다고 생각하기 때문에 투자하는 것입니다. 또한 청년들의 가정환경이 어떻든 관계없이 최상의 조건에서 그들의 재능을 키우는 것이 사회 발전의 밑거름이 되기 때문입니다"라고 말했다.

어쩌면 유럽과 우리의 가장 큰 차이는 청년이라는 시기를 어떻게 보는지, 더 나아가 인간의 가치를 어떻게 바라보는지에 대한 시각차에서 나오는지도 모른다. 부모의 경제력이 뒷받침되는 사람만이 사교육을 받아 상위권 대학에 진학하고 그 대학이 '스펙'이 되어 경제적 성공을 이루는 상황이 계속된다면, 가정 형편과 상관없이 곳곳에 분포해 있는 진짜 인재들의 재능은 사장될 것이다. 이는 국가 경제성장에도 부정적인 영향을 미친다.

이런 관점에서 고려대학교가 2016년 기존의 성적 장학금을 폐지하고 '정의 장학금'이라는 새로운 제도를 만든 것은 시사하는 바가 크다. 정의 장학금은 저소득층 학생들에게 등록금을 전액 면제해주고 매달 최대 50만 원의 생활비를 지원하는 제도다. 그동안 학비 때문에 아르바이트에 매달렸던 저소득층 학생들이 학업에 전념할 수 있도록 마련된 것이다. 또 학교는 학생이 자신의 가난을 증명하지 않아도 먼저 지원금을 주는 등 전폭적인 지원을 아끼지 않고 있다. 실제로 이 장학금을 받은 학생들은 장학금을 받기 전보다 더 좋은 성적을 내며 제도의 효용성을 입증하고 있다.

격차 해소의 기능을 되찾아야 할 교육 사다리

—

그동안 우리 교육은 명문대학, 선망직업, 안정된 직장이라는 단일한 성공의 경로를 놓고 벌이는 경쟁에 완전히 종속되어 있었다. 교육이 만들어내는 계층 이동 사다리는 오직 대학 입시 하나뿐이었다. 정해진 경로 안에서는 오직 속도만이 중요했다. 그런데 예전과 같은 고도성장이 불가능해지고 양질의 일자리가 적어지면서 상향 이동의 기회 자체가 줄어들어 청년들은 진퇴양난의 늪에 빠지고 말았다.

유럽에서는 대학을 나오지 않아도 일자리의 임금이나 복지에서 큰 차이가 없기 때문에 대학에 반드시 진학할 필요가 없다는 사회적 인식이 자리 잡고 있다. 즉 단순히 취업하기 위해 대학에 갈 필요가 없기에 정말 공부가 하고 싶거나 필요한 사람들만 대학에 간다. 그래서 취업사관학교로 전락한 우리와 달리 유럽의 대학은 대학의 본질인 상아탑에 더 가까워 보인다. 네덜란드를 비롯해 핀란드, 독일 등에서 대학 진학률은 30~40퍼센트에 불과해 70퍼센트에 달하는 우리나라의 절반 수준이다.

그에 반해 우리나라는 악순환에 빠져 있다. 대학에 안 가면 좋은 곳에 취업할 수 없으니 대학 진학에 목을 매는데, 대학 진학자가 너무 많다 보니 유럽 국가들처럼 정부 차원의 대폭적인 지원 정책을 쓸 수 없다. 지금처럼 모두가 한 목표만을 향해 경쟁한다면, 또 대학 입시라는 사다리에 누군가가 오르기 위해 다른 누군가는 떨어져야 한다면, 우리는 입시라는 전쟁터에서 계층이동과 계층유지를 위한 오래된 싸움을 계속할 수밖에 없다.

우리와 비슷한 동아시아 특유의 교육열, 치열한 대입경쟁, 과열된 사교육 시장, 주입식 수업과 객관식 시험의 전통을 가졌던 일본은 미래를 위해 변화를 시도하고 있다. 일본은 우리나라와 마찬가지로 교육과정이 대학 입시에 치우쳐 있었다. 이에 문제의식을 가지고 교육개혁을 여러 차례 시도했지만 무엇을 바꿔도 결국 대학 입시로 집중되는 악순환의 고리를 끊을 수 없었다. 그래서 현재 교육의 전 과정을 바꾸는 개혁을 준비 중이다. 일본 정부는 단순히 시험제도를 바꾸는 것이 아니라 교육의 패러다임을 바꾸겠다고 천명했다. 2020년까지 초중고와 대학 입시에 걸쳐 전반적인 개혁을 단행할 예정인데, 그 핵심에는 200개 공립학교에 국제학력평가(International Baccalaureate, IB)를 도입하고, 2020년에 수능을 폐지하겠다는 계획이 들어 있다. 일본의 IB 도입의 가장 중요한 목적은 지금까지와 다른 인재, 즉 서로 협력할 줄 아는 인재를 키우기 위해 기존의 주입식 교육을 바꾸는 공교육 개혁을 단행하겠다는 것이다.

IB는 1968년 스위스 제네바에 세워진 비영리 교육재단인 IBO에서 만든 교육제도다. 우리나라나 일본의 대학 입시인 내신과 수능이 학생에게 얼마나 많이 알고 있는가를 묻는다면, IB는 지식과 사고 과정을 어떻게 재구성하는지를 본다. 마치 암기 능력을 테스트하는 듯한 우리나라와 정반대의 교육방식인 셈이다.

이미 2007년부터 IB 교육과정을 도입한 도쿄의 한 공립 고등학교 교장은 고교 교육이 대학 진학을 위한 것이 아니라고 잘라 말한다. "저희 학교 학생들은 수업 시간에 자기들이 알아서 주제를 정하고 팀을 꾸려 실험도 하고 보고서도 만들어요. 스스로 찾아낸 문제를 스스로 해결하는 능력을 키우는 교육을 합니다. 저희는 대학 진학을 위한 학교가 아니에요. 그래서 어느 대학에 갈지, 어떤 사회인이 될지 특별한 목표를 아이들에게 심어주지 않아요. 아이들은 각자가 가진 재능대로 증권회사에 가거나 연극 단원이 되기도 하고, 등산가가 되기도 합니다. 독특하고 다양한 진로로 진출하고 있죠."

일본의 시도가 성공할지는 두고 봐야겠지만 공교육 강화의 방향은 높이 살 만하다. 교사의 자율성과 학생의 참여도가 높은 수업이 진행될수록 사교육이 끼어들 여지가 줄어들기 때문이다.

이와 비슷한 시도는 우리나라에서도 이뤄지고 있다. 인천의 신현고등학교는 2015년부터 '선택형 교과 수업제'를 도입했다. 학생들은 스스로 수업을 선택하고 매 교시마다 그 수업을 듣기 위해 교실을 옮겨 다닌다. 학기가 시작되기 전 학생들이 듣고 싶은 과목을 선택하는데, 학교는 선택 학생이 적은 과목이라도 최대한 개설하기 위해 노력한다. 그러다 보니 어떤 수업은 서너 명만 참여하기도 한다. 소수를 위한 과목이 개설될 수 있었던 데에는 교사들의 공이 크다. 현재 신현고등학교에 개설된 과목은 총 80개로, 다른 공립학교들보다 20개 이상 많다. 창업, 종교학, 인문학적 상상여행, 환경과 녹색성장, 생명과학 과제연구, 미술창작, 심리학, 철학, 독서와 문법 등의 과목이 있다. 학생들은 다양한 수업을 접하면서 자신의 흥미와 적성을 찾을 수 있다.

"학교에서 인문학을 배울 수 있어서 좋아요. 인문학에 대한 기본적인 상식도 쌓고 입시에 대한 부담감에서 조금은 벗어나 제 삶에 대해 전반적으로 되돌아보는 시간이 즐거워요."

"문화 콘텐츠 쪽이나 미디어 쪽으로 지망하고 있어서 사회문화 과제연구 과목을 선택했어요. 직접 설문조사, 면접, 실험까지 진행하고 보고서도 쓰면서 적극적으로 참여한 경험이 큰 도움이 돼요. 뉴스를 보는 습관도 기를 수 있었고요."

'개천 용'이라는 말은 아주 특별한 재능을 가진 일부 영재만을 가리키지 않는다. 교육이 각각의 아이들에게 세밀한 관심을 가지고 각자가 가진 재능을 개발할 수 있도록 도와주는 역할을 잘 해나간다면 수많은 아이들이 개천 용이 될 수 있다. 사교육에 엄청난 돈을 쏟아부어야만 높은 점수를 얻을 수 있는 교육이 아니라, 공교육에서 아이들의 창의력과 사고력, 협동심을 키워줄 수 있다면 우리도 유럽을 부러워만 하지 않아도 될 것이다.

올라가려고 굳이 애쓰지 않아도 되는 사회

—

만약 교육이 아이들을 줄 세우는 대신 각자의 재능을 펼치고 몰입할 수 있게 해준다면, 우리 교육이 한 곳을 향해 올라야 하는 수직의 사다리가 아니라 사방팔방으로 놓인 수평의 다리들이 된다면 어떨까? 교육과정을 다양화하고 개별화해서 좋은 대학을 나와 좋은 직장에 들어가는 것만이 성공이 아니라면 어떨? 이러한 교육 사다리 개념을 재구축하는 것부터 청년들을 위한 사회적 안전망을 마련해나가는 일까지, 모두 안정적이고도 미래지향적인 사회를 만들기 위해 필요한 일이다. '가난한 어린이'가 '가난한 대학생'이 되고, '가난한 회사원'이 되었다가 '가난한 부모'가 되어 다시 '가난한 어린이'를 낳는 고리가 반복되는 사회는 결국 모두가 함께 몰락하고 말 것이기 때문이다.

글머리에 던졌던 '당신의 나라에서 청년이 성공하기 위해 가장 중요한 요소는 무엇이냐'라는 질문에, 한국의 청년들이 '부모의 재력' 대신 '재능'과 '노력'을 꼽는 날이 우리에게도 올 수 있다. 자유롭게 재능을 펼치고 열심히 노력하면 꿈을 이루는, 굳이 올라가려고 애쓰지 않아도 되는 사회가 된다면 말이다.

각자도생의 시대,
교육이 가야 할 길을 말하다

이건협 PD

고등학생의 입에서 나온 얘기라고는 도저히 믿기지 않았다. "우리는 비싼 사립 고등학교를 나와 좋은 대학에 들어간 부잣집 아이들의 고용인밖에 될 수 없습니다." 2011년 칠레 전역을 혼란으로 몰아넣은 고등학생들의 전국 동맹파업을 취재하던 중 만난 한 고등학생의 눈에는 몰락한 칠레 교육 시스템에 대한 분노가 가득 차 있었다. 칠레는 남미에서도 가장 잘사는 나라 중 하나였지만 공교육에 대한 투자가 열악해 교육은 시장에 맡겨져 있었다. 비싼 학비를 낼 수 있는 집안의 아이들만이 사립학교에 진학해 양질의 교육을 받고 명문대학과 좋은 일자리라는 꽃길을 걸을 수 있다. 칠레의 교육 시스템은 재력에 따라 신분을 나누는 또 다른 차별의 도구였던 셈이다.

불행히도 이런 상황은 대한민국도 다르지 않다. 우리나라가 전쟁의 참화를 딛고 일어나 기적과 같은 초고속 경제성장을 이뤄낼 수 있었던 것은 바로 교육을 통해 키워낸 인재들, 즉 수많은 개천 용들이 있었기 때문이었다. 하지만 취재 중 만난 한 학부모의 자조 섞인 이야기는 오늘날 우리가 처한 현실을 그대로 대변했다. "이제 개천에서는 용이 나지 않아요. 예전에나 용이 났지, 요즘은 지렁이밖에 없어요." 결국 부모의 직업이나 재력과 같은 배경이 자녀들의 미래를 결정짓는 새로운 신분제를 낳고 있다는 얘기다.

이러한 현상은 많은 연구 결과를 통해서도 입증된다. 서울대학교 김세직 교수 등의 논문 〈학생 잠재력인가? 부모 경제력인가?〉에 따르면 서울 일반고 출신 학생들의 서울대 합격률은 100명당 0.6명이지만 외고 출신은 열 명, 과학고 출신은 41명으로 각각 일반고의 15배, 65배에 이른다. 또 인재가 특정 지역에 몰려서 태어나지는 않는다는 가정하에 잠재력(진짜 인적자본)에 따라 서울대에 합격할 확률을 가상 산출해보면 강남구 0.84퍼센트 대 강북구 0.5퍼센트로 1.7배밖에 차이 나지 않는 것으로 계산되지만, 실제 서울대 합격률을 보면 2.07퍼센트 대 0.11퍼센트로 무려 20배나 차이 나는 것으로 나타났다.

또한 한국개발연구원에서 펴낸 김희삼 교수의 논문 〈사회 이동성 복원을 위한 교육정책의 방향〉에 따르면, 서울 지역 일반고 1학년 학생의 가구소득이 500만 원을 넘는 비율은 19.2퍼센트였지만 자율고는 41.9퍼센트, 특목고는 50.4퍼센트나 되었다. 서울대학교 주병기 교수의 연구에 따르면 부모의 소득과 자녀의 성적과의 상관관계는 중학교

때부터 이미 진행된다고 한다.

물론 이런 현상은 우리나라에만 국한된 것은 아니다. 미국 역시 심각한 '신분 세습'의 실상을 노정하고 있다. 브루킹스연구소의 리처드 리브스가 저서 《꿈 과점자(Dream Hoarders)》에서 지적한 바에 따르면, 미국의 중상위층과 나머지 계층 간의 간극이 확대되고 이동성은 약화되고 있는데, 이러한 계급 재생산의 핵심 수단이 바로 교육이다. 특히 대학과 대학원 교육이 불평등 제조기(inequality machine)의 역할을 담당하고 있다는 것이다. 취업 준비 과정에서도 인맥 등 비공식적 관행이 중요하게 작용해 '계급 상속(inheriting class)'이 더 강화된다고 그는 설명한다. "학교에서 하루 동안 부모의 직장을 견학하게 하면 부모가 변호사인 아이는 법률회사에서 하루를 지내게 되고, 부모가 잡화점 점원인 아이는 잡화점에서 하루를 보내게 되며, 부모가 실직자인 아이는 아무 데도 갈 곳이 없게 된다. 불평등의 바퀴는 그렇게 구른다." 자율 경쟁을 원칙으로 하는 자본주의 사회에서 오히려 계급은 그렇게 석회화되고 있다.

어느 사회에나 빈부의 격차가 있다. 그런데 그 격차가 용인되려면 격차를 뛰어넘을 수 있는 통로가 있어야 하고, 그 통로를 이용할 기회가 공평하게 주어져야 한다. 개인이 아무리 노력해도 환경 탓에 성공할 수 없다면, 그 사회는 '희망의 격차'가 커질 수밖에 없고 결국 사회 안정이 저해될 것이다. 그리고 인재를 적절히 활용하지 못함에 따라 경제성장에도 부정적인 영향을 미칠 수밖에 없다. 최근 우리나라가 겪고 있는 저성장도 이에 기인한 바가 크다는 지적 또한 우리가 귀 담아 들어야 할 부분이다.

하지만 우리가 놓치지 말아야 할 더 중요한 것이 있다. 교육을 신분상승의 도구로만 보고 그 기회를 배분하는 측면에서만 접근한다면 우리가 지금 겪는 문제를 근본적으로 해결할 수 없다는 점이다. 단순히 특정 문제 풀기에만 능숙한 인재만을 양산한다면 교육은 부모의 계층을 대물림하는 통로가 될 뿐이다. 이제는 한 발 더 나아가, 교육의 진정한 목적이 무엇인가 하는 본질적인 문제를 고민해봐야 한다.

독일은 국제학업성취도평가(PISA)에서 항상 중하위권에 머문다. 그러나 세계경제포럼(WEF)에 따르면 2015~2016년 국가 경쟁력 순위에서 독일은 세계 4위를 기록했다. 독일의 교육은 개개인의 수준과 진로에 맞는 다양한 교육과정을 제공하는 데에 중점을 둔다. 그러다 보니 학교의 종류도 정말 다양해서 독일 사람들도 무엇이 있는지 다 알지 못할 정도라고 한다. 직업에 따라 차별하지 않는 높은 사회적 인식이 있기 때문에 가능한 일이다. 일례로 굴뚝 청소부는 5년 동안 기술을 습득해야 하고 오히려 수입이 좋아 사람들이 선망하는 직업이라고 한다. 우리의 사회적 인식과는 사뭇 다르다.

독일과 달리 홍콩은 PISA에서 전 과목 평균 점수가 최상위권이다. 그런데 흥미롭게도 최하위 25퍼센트의 가정 환경에서 최상위 25퍼센트의 성적을 거둔 역경극복학생(resilient students)의 비율도 가장 높은 수준이다. 2009년 새로운 고등학교 교육과정을 도입한 홍콩은 우리의 수능 시험에 해당하는 DSE에 다양한 선택 과목을 개설했다. 학생들이 자신의 적성에 맞는 진로를 선택할 수 있도록 하기 위해서였다. 그리고 2012년 새로운 교육과정에 따라 처음 실시된 DSE에서는 무려 1129개의 선택 과목 조합이 발생했다고 한다. 즉 자기가 잘하거나 좋아하는 과목을 선택해 시험을 치르고 그 결과에 따라 원하는 대학에 진학할 수 있도록 한 것이다.

그런 점에서 〈명견만리〉 방송 '개천 용은 어디로 사라졌나' 편에서 김희삼 교수가 제안한 '사방팔방으로 뻗은 다양한 사다리'론은 시사하는 바가 크다. 아이들은 누구나 잘하는 게 하나씩은 있고, 바로 그 하나를 제대로 키워주는 것이 교육의 진정한 목적이다. 그렇게 되어야만 우리 사회가 필요로 하는 다양한 분야의 수많은 인재들을 키워낼 수 있다. 4차 산업혁명 시대에 우리가 생존할 수 있는 키워드가 바로 여기에 있다.

明見萬里

3장

같은 시간 같은 일을 하면
같은 돈을 받자

—

노동만으로 살 수 있는 사회

IMF 외환위기 20년.

그동안 우리 사회에는 대기업과 중소기업,

정규직과 비정규직 사이에 높은 장벽이 생겨났다.

과거 우리에게 구조조정을 요구했던 IMF조차

한국의 비정규직 문제를 경고하고 있는 시점에서,

일자리의 불균형을 해결할 방법은 무엇일까?

같은 시간 같은 일을 하면
같은 돈을 받자

> 노동만으로 살 수 있는 사회

양극화로 골머리를 앓는 영국

"예전엔 지금보다 계층 이동이 쉬웠던 것 같은데 이제는 상황이 변했어요. 거의 70년대, 80년대 수준으로 후퇴한 것 같아요."

"이전에 누렸던 안전이 더는 보장되지 않아요. 젊은이들은 먹고살기 위해 일하지만, 주거비를 내기에도 부족한 돈만 겨우 벌고 있죠."

영국 청년들의 이야기다. GDP 세계 5위의 경제대국 영국의 젊은이들 입에서 왜 이런 이야기가 나올까? 수많은 관광객으로 활기가 넘치는 런던에는 그 화려함과는 어울리지 않게 시내 거리마다 적지 않은 수의 노숙자들이 살고 있다. 영국의 노숙자 사선단체인 셸터(Shelter)는

2018년 1분기 기준 영국에 사는 노숙자가 32만 명에 달한다고 발표했다. 이에 따르면 영국인 200명 가운데 한 명 정도가 노숙자이다. 가장 심각한 지역은 16만 명 이상의 노숙자가 사는 런던으로, 약 53명당 한 명이 노숙자다. 또한 2017년 10월부터 1년간 영국에서 사망한 노숙자는 449명에 이르며, 20~30대의 젊은 노숙자가 늘어나고 있다.

산업혁명을 이끌었던 영국은 노동자 계층이 두터운 나라였다. 하지만 1980년대에 대처 정부가 집권한 뒤로 시장 효율성을 강조하면서 많은 중산층이 일자리를 잃었다. 그 결과 영국은 상위 10퍼센트와 하위 10퍼센트의 소득 격차가 20배 이상 벌어질 정도로 유럽에서 가장 양극화가 심한 나라가 되었다.

영국이 세계에서 주거비가 세 번째로 높은 나라다 보니, 일자리를 잃고 살인적인 집세를 감당하지 못한 사람들은 거리로 나앉을 수밖에 없었다. 노숙자들은 거주지가 불분명하니 신분을 증명할 수 없어 사회보장 혜택도 받지 못한다. 이들에게 도움의 손길을 내미는 것은 몇몇 구호단체가 전부다.

노숙자가 늘어나는 것뿐 아니라 영국 사회 전체가 위태로워지고 있음을 보여주는 징후는 곳곳에서 발견된다. 그 한 예가 2011년 런던에서 시작된 대규모 폭동이다. 한 흑인 청년이 백인 경찰의 과잉 진압으로 숨진 데서 비롯된 이 사건은 단순히 인종 차별이 원인으로 보였지만, 사실 폭동과 약탈, 시위가 확대된 데는 또 다른 이유가 있었다. 장기적인 경기 침체와 실업, 극심한 양극화에 좌절한 빈민들이 폭발한 것이었다.

옥스퍼드대학의 대니얼 돌링 교수는 경제적 불평등이 어떻게 사회 문제로 번지는지 영국 사회가 그 본보기를 보여주고 있다고 말한다. "불평등이 심화될수록 사람들은 자신에게만 신경 쓰기 시작해요. 자기에게만 돈을 쓰고 세금도 내지 않죠. 아무도 돌보지 않아요. 그러면서 사회가 분열해요. 지금 영국이 그렇습니다. 유럽연합 탈퇴 논의까지 진행되며 막대한 비용을 치르고 있죠. 영국은 불평등이 심화되면 어떤 일이 일어나는지 지금 전 세계에 보여주고 있습니다."

당신은 중산층입니까

―

경제대국이면서도 양극화로 골머리를 앓는 영국의 모습은 남의 일이 아니다. 1980년대 후반만 하더라도 '당신은 중산층입니까?'라는 질문에 우리 국민의 80퍼센트가 스스로를 중산층이라고 답했다. 하지만 2013년에는 20퍼센트만이 스스로를 중산층이라 여겼다. 20여 년 만에 4분의 1로 줄어든 것이다.

한편 통계청에서 발표하는 중산층은 총 가구 중 소득 순위가 정확히 가운데 있는 중위소득을 기준으로 50~150퍼센트 사이의 소득을 벌어들이는 가구를 뜻한다. 4인 가구를 기준으로 했을 때 2018년 중위소득은 월 452만 원이다. 그러므로 4인 가구는 소득이 226만 원에서

678만 원 사이에 들어야 중산층이다. 이 기준에 따르면 중산층의 범위에 속하는 사람은 2016년 기준 65.7퍼센트에 이른다.

이렇듯 국민이 체감하는 심리적 중산층과 통계청 기준에 따른 중산층 사이에는 엄청난 격차가 존재한다. 그도 그럴 것이 226만 원은 4인 가족 최저생계비에도 못 미치는 금액이며, 678만 원도 살인적인 집값과 사교육비 등을 고려할 때 생활에 여유를 느끼는 중산층의 최고치 소득이라 보기는 어렵기에 많은 사람들이 자신이 중산층이 아니라고 생각하는 것이다.

일한 만큼 정당한 대가를 받으며 미래에 대한 희망을 갖고 살아가는 것이 진정한 의미의 중산층이라면, 2018년 대다수의 대한민국 국민은 '취직해서 열심히 돈을 모으고 결혼하고 자기가 살 집을 장만하는' 평범한 삶조차 버거워하는, 고달픈 '서민'의 삶을 살고 있다.

언제부터 우리 국민의 삶이 이토록 팍팍해졌을까? 쉽게 예상할 수 있듯이 1997년 IMF 외환위기가 큰 전환점이 되었다. 《조선일보》와 서울대 노화·고령사회연구소가 2010년 한국갤럽에 의뢰해 5060 베이비붐 세대 4674명을 조사한 결과를 보면, 무려 33.6퍼센트의 사람들이 자신의 인생에 가장 크게 영향을 끼친 사건을 IMF라고 답했다. 압도적으로 1위에 꼽힌 답변이었다.

그만큼 IMF 외환위기는 많은 것을 무너뜨렸다. 외환위기 한 달 만에 3000여 개 기업이 문을 닫았고, 1998년 한 해에만 실업자 수가 150만 명에 육박할 정도로 많은 일자리가 사라졌다. 명예퇴직, 정리해고와 같이 지금은 익숙해진 단어도 이 시기에 생겨났다. 한 집의 가장에게도, 또 가장의 축 처진 어깨를 바라봐야 하는 가족들에게도 그때 그 시절은 고난과 어려움의 연속이었다. 실직한 사람들은 여러 일자리를 전전했지만, 한번 안정적인 일자리에서 탈락되자 다시 중산층에 진입하기가 쉽지 않았다.

그러나 금 모으기 운동과 같은 온 국민의 희생 덕분에 외환위기는 예상 외로 단기간에 극복될 수 있었다. 예정보다 3년이나 앞당겨 2001년 8월 IMF로부터 지원받은 195억 달러의 차입금을 모두 상환했으니 말이다. 그런데 국가는 분명 위기를 탈출했는데, 나락으로 곤두박질친 국민 개개인의 삶은 쉽게 회복되지 않았다.

차라리 이 나라를 떠나고 싶다

—

1990년대 후반 우리나라 전체 소득에서 가정 경제가 차지하는 비중은 73퍼센트였다. 그러나 2000년대 들어 그 수치가 점점 줄어들더니 2015년에는 62퍼센트를 기록했다. 경제가 성장하는 만큼 그에 비례해 가계소득이 늘지 않은 것이다. 가장 큰 이유는 일자리의 질이 나빠졌기 때문이다. 평생직장 개념이 없어지면서 IMF 외환위기 이후 우리 사회에는 대기업 대 중소기업, 정규직 대 비정규직 등 이른바 경쟁에서 승리한 '내부자'와 경쟁에서 탈락한 '외부자' 간의 높은 장벽

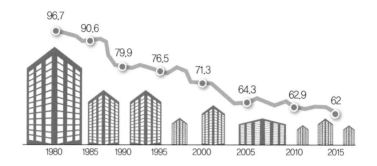

(단위: %)

1980년에는 중소기업에 다녀도 대기업과 비슷한 임금을 받았지만, 점차 그 임금 격차가 벌어져 2015년에는 대기업 임금의 62퍼센트밖에 받지 못한다. (출처: 고용노동부)

이 생겨났다.

대기업에 다니는 사람은 전체 노동자의 단 12퍼센트에 불과하고 국민 대다수는 중소기업에 종사하고 있지만, 소수인 대기업 노동자와 다수인 중소기업 노동자 간의 임금 격차는 갈수록 벌어지고 있다. 1980년에는 대기업 임금이 100만 원이면 중소기업에서는 97만 원의 임금을 줬다. 그러나 2015년에는 100만 원 대 62만 원으로 그 차이가 벌어졌다. 12퍼센트의 좁은 문에 들어가지 못하면 상대적으로 열악한 일자리를 가질 수밖에 없다.

정규직과 비정규직의 차이는 또 어떤가. 우리나라 노동자 세 명 중한 명은 비정규직으로 일하고 있으며, 비정규직의 임금은 정규직의 절반밖에 되지 않는다. IMF 외환위기 이후 많은 일자리들이 불안정한 비정규직으로 바뀌었는데 외환위기를 극복한 이후에도 일자리 구조가 개선되지 않았다. 우리나라의 비정규직 비율은 OECD 국가 평균의 두 배가 넘고 정규직과 비정규직 간의 소득 격차는 OECD 국가 중에서 가장 높다.

게다가 상위 10퍼센트의 세계는 점점 견고해지고 있다. IMF에서 OECD 국가들을 대상으로 상위 10퍼센트의 소득집중도를 조사한 결과를 보면, 우리나라는 상위 10퍼센트가 전체 소득의 약 44.9퍼센트를 차지해 47.8퍼센트인 미국에 이어 두 번째로 소득 격차가 큰 국가로 나타났다. 1995년에는 우리보다 소득 격차가 컸던 영국, 일본, 프랑스가 이제 모두 우리나라보다 아래 순위에 있다.

이렇게 갈수록 심화되는 소득 격차는 우리 사회에 이상현상을 낳고 있다. 경기도 부천에 있는 한 용접학원에는 20대에서 40대까지 다양한 연령대의 사람들이 다니고 있다. 이들 가운데 상당수는 해외 취업을 꿈꾸는 사람들이다. 기술이 있으면 이민 자격을 얻기가 쉽기에 많은 사람들이 파이프 용접을 배우고 있다. 2017년 취업포털 사이트 사람인에서 구직자들을 대상으로 설문조사한 결과 78.5퍼센트가 기회가 된다면 외국에 취업하고 싶다고 응답했다. 이들은 왜 한국을 떠나고 싶어 할까?

용접학원의 한 수강생은 이렇게 말한다. "이 사회가 불합리하고 평등하지 않으니까요. 외국에 나가면 그래도 기술자를 대우해주니까 기

◆ 상위 10퍼센트의 소득집중도 추이

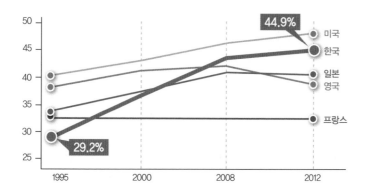

한국의 소득 불평등은 급속도로 악화되었다. 1995년까지만 해도 29.2%였던 소득집중도가 2012년 47.9퍼센트까지 뛰었다. OECD 국가들 중 미국(47.8%)에 이어 두 번째로 소득격차가 크다. (출처: The world top income database)

술을 배워서 제2의 인생을 살려고요. 가족을 부양하려면 외국에 나가는 게 낫겠다고 생각했어요."

지금 대한민국 곳곳에서는 이 나라를 떠나고 싶다는 울분이 터져 나오고 있다. 아무리 열심히 일해도 제대로 보상받을 수 없기 때문이다. 지금의 상황을 내버려둔다면 중산층은 사라지고 상위 10퍼센트와 하위 90퍼센트만이 존재하는 세상에서 '탈출 사회'가 본격화될 수도 있다.

2017년 초 세계경제포럼은 〈세계 위험 보고서〉를 통해 향후 10년간 세계 발전에 가장 큰 위협이 될 요소로 경제 불평등을 꼽았다. 빈부 격차로 인해 경제가 악화되는 것은 물론이고 사회 갈등이 확산될 것이라고 경고했다. 중산층이 줄어들면서 커다란 위기에 직면해 있는 영국처럼 말이다. 양극화는 단순히 경제적인 문제가 아니라 사회의 지속 가능성을 무너뜨리는 재앙이 될 수 있다.

남아 있는 골든타임은 4년뿐

—

그렇다면 지금 중산층이라면, 정규직이라면, 대기업에 다닌다면 안심할 수 있을까? 예전과 달리 은퇴 시기가 빨라지면서 요즘은 50대만 돼도 직장을 나와야 하는 경우가 많다. 상위 10퍼센트인 대기업 정규직으로 일해도 임금 소득만으로 노후까지 중산층으로 살 수 있으리라는 보장이 없다.

중앙대학교 신광영 교수가 2011년 조사한 '전문직, 경영관리직, 기술직 등 핵심 중산층 남성의 10년간 직업 유지 비율'을 보면, 40~50대까지만 해도 60퍼센트 이상이 10년 동안 자신의 직업을 유지했지만 60대가 되면 열 명 중 두 명만이 계속해서 직업을 유지했다. 젊었을 때는 중산층으로 살더라도 노후까지 중산층으로 남아 있으리라는 보장이 없다는 것을 여실히 보여주는 자료다.

한국이 양극화 문제를 해소하지 못한다면 영국보다 더 심각한 위기를 맞게 될 가능성이 큰 이유는 고령화 때문이다. 우리나라는 세계에서 가장 빠른 속도로 초고령 사회에 진입하고 있다. 초고령 사회에서 양극화 문제는 더욱 악화될 수밖에 없다.

2015년 기준 우리나라는 100명의 노동인구가 36.2명의 어린이와 노인을 부양하고 있다. 세 명의 노동자가 한 명을 보살피는 셈이다. 그런데 2050년에는 부양받는 인구가 무려 90.8명이 된다. 다시 말해 일하는 사람 100명이 일하지 않는 사람 90명을 거의 일대일로 부양해야 한다는 의미다. 이로 인한 부담은 당장 4년 뒤부터 시작된다. 2019년으로부터 4년 뒤인 2023년에 베이비붐 세대의 은퇴가 마무리되면서 700만 베이비부머가 한꺼번에 부양인구로 바뀌기 때문이다. 우리에게 남은 골든타임은 4년이다.

소수의 젊은이가 다수의 노인을 부양해야 하는 불균형 사회에서 청년들은 더욱 가난해지고 그에 따라 미래의 중산층도 사라지게 될 것이다. 남은 4년의 골든타임 동안 이 위험한 구조를 바꾸지 못한다면 대한민국의 성장 시계는 멈추게 될지 모른다.

세계 주요 경제기구들은 양극화 해소가 지속 가능한 성장의 핵심 조건이기에, 소득 불평등을 바로잡아 중산층을 살려야 경제가 성장할 수 있다고 강조한다. 심지어 1997년 외환위기 당시 우리에게 구조조정을 요구했던 IMF조차 하위 20퍼센트의 소득을 늘려야 한다며, 신자유주의의 선봉에 섰던 과거와는 전혀 다른 주장을 하고 있다. IMF 아시아 지역 최고책임자이자 한국을 담당하고 있는 칼파나 코차르 국장은 경제성장을 위해 불평등을 감수해야 한다던 과거의 시각이 틀렸다고 인정했다.

"많은 국가들이 경제성장만을 가장 중요하게 여겼습니다. 높은 경제 성장률이 소득, 일자리, 소비와 투자 증가로 이어지는 낙수효과를 기대했기 때문입니다. 그렇지만 지금까지 살펴본 결과, 낙수효과는 전혀 존재하지 않았습니다. 오히려 불평등이 심한 국가에서는 높은 경제성장이 어렵습니다. 여기에는 두 가지 이유가 있습니다. 하나는 소득 불평등이 가난한 사람들과 부자들 사이의 사회 응집력을 악화시키기 때문입니다. 또 하나는 불평등한 국가에서는 미래 생산성에 영향을 주는 기술에 대한 투자가 이뤄지기 어렵기 때문입니다. 결국 불평등은 현재의 GDP뿐 아니라 미래의 GDP에까지 영향을 끼칩니다. 불평등을 해소해야 미래 성장 동력을 키울 수 있습니다. 그런데 한국의 노동 시장에는 왜곡이 존재합니다. 바로 이중화입니다. 장기간 고용이 보장되는 첫 번째 시장과, 시간제 노동자와 비정규직을 위한 두 번째 시장이 있습니다. 두 번째 시장에 속한 사람은 첫 번째 시장으로 이동하기가 매우 어렵습니다. 임금이 낮고 고용이 불안정한 두 번째 시장이 커지면 소비나 투자를 줄여 경제를 얼어붙게 만들죠. 한국의 이중적인 구조가 무척 우려스럽습니다."

동일노동 동일임금에서 해법 찾은 일본

—

IMF조차 한국의 비정규직 문제를 경고하고 있는 지금, 일자리의 불균형을 해결할 수 있는 방법은 무엇일까? 최근 '잃어버린 20년'을 극복하기 위해 일본이 꺼내든 최후의 카드에 주목할 필요가 있다. 그것은 '동일노동 동일임금'의 원칙, 즉 같은 일을 하면 같은 임금을 지급하는 원칙을 지키자는 것이다.

과거 일본은 경제위기에서 벗어나기 위해 기업의 부담을 줄이는 방식을 택했다. 파견법을 개정해 낮은 임금의 비정규직 일자리를 늘렸다. 최근 10년간 정규직 고용은 줄고 저임금의 비정규직이 크게 늘어 일본 전체 노동자의 40퍼센트에 육박하는 2000만 명이 비정규직 노동자가 되었다. 또한 비정규직의 임금은 정규직의 60퍼센트 수준에 불과했다.

비정규직이 늘어날수록 경제가 위축되고 소비가 줄어들면서 내수시장이 극심하게 침체되자, 아베 총리는 2016년 말 일본의 일자리 구조를 완전히 바꾸겠다는 결단을 내렸다. "동일노동 동일임금을 실현할 것입니다. '비정규'라는 말은 이 나라에서 사라질 것입니다. 동일노동 동일임금으로 불합리한 차이를 시정하겠습니다."

동일노동 동일임금은 국민적 여론이기도 했다. 요미우리 신문사의 2017년 여론조사에서 응답자의 71퍼센트가 '능력, 성과, 근속 연수가 같다면 비정규직 노동자는 정규직 노동자와 같은 임금을 받아야 한다'고 답했다.

일본 정부는 2017년 동일노동 동일임금의 기준을 발표해 기본급, 상여금, 수당, 교육훈련, 복리후생 등에서 정규직과 비정규직을 동등

◆ 후쿠오카쿱의 영업이익과 임금

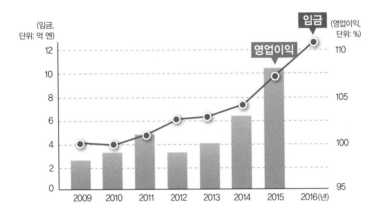

일본의 이 유통업체는 2006년 동일노동 동일임금 정책을 도입한 이후 영업이익이 크게 늘었다.

하게 대우할 것을 기업들에 요구했다. 특히 기존 비정규직 임금을 정규직 임금의 80퍼센트까지 끌어올려 높은 임금의 좋은 일자리를 늘리겠다고 천명했다. 협조하는 기업에는 정책적인 지원도 내걸었다. 이에 일본의 통신, 금융, 항공 등 다양한 업계가 비정규직 처우 개선에 동참할 뜻을 밝혔다.

동일노동 동일임금의 효과는 실제 사례에서도 확인된다. 후쿠오카쿱이라는 한 유통업체는 2009년 일본 최초로 이 정책을 도입했다. 이곳에서는 정규직과 비정규직이 동등한 조건에서 근무하며, 같은 일을 하면 같은 임금을 받는다. 나이나 학벌도 중요하지 않다. 이곳에서 비정규직으로 일하고 있는 무라야마 씨는 이곳에 입사한 뒤로 삶이 달라졌다고 했다.

"이 회사에 오기 전에는 5년 정도 여러 가지 아르바이트를 전전하며 불안한 삶을 이어왔어요. 이곳에서는 정규직과 같은 대우를 받고 있고 정년 후의 보장도 확실하게 해줘서 예전보다 안정된 상태에서 즐겁게 일하고 있어요. 임금이 올라서 예전에는 할 수 없었던 여가 생활이나 쇼핑도 즐길 수 있게 됐어요."

일한 만큼 보상을 받는다는 생각에 일에 대한 책임감이 커졌다는 그는 고객이 선정한 우수사원으로 뽑혔다. 무라야마 씨뿐 아니라 이 회사에 다니는 다른 비정규직 노동자들 역시 임금이 인상되면서 업무 태도가 크게 개선되었다. 이는 곧 회사의 매출이 늘어나는 결과로 이어졌고, 결과적으로 전체 직원들의 처우가 더욱 좋아졌다. 비정규직의 임금을 올리면 회사 경영이 어려워질 것이라는 우려와 달리, 이 회사의 영업이익은 지난 7년 사이 세 배나 늘었다.

소비 절벽, 경기 침체, 저출산과 고령화. 일본이 지난 20년간 이 삼중고의 늪에서 벗어나기 위해 갖은 시행착오를 경험한 끝에 얻은 깨달음은, 노동자들의 지갑을 채우는 일부터 시작해야 한다는 것이었다. 소득이 높아져야 소비와 투자가 늘어 경제의 선순환이 일어나는데, 이를 위해서는 반드시 일자리의 질을 높여야 한다. 이것이 아베 총리가 재정적 부담에도 동일노동 동일임금 정책을 강력히 밀어붙인 이유다. 당장의 손해를 감수하더라도 중산층을 살리는 것이 일본 경제를 구해 내는 길이라 확신했기 때문이다.

적게 일하고도 충분히 버는 네덜란드의 기적

────

일본이 변화를 위한 발걸음을 이제 막 내디뎠다면, 네덜란드는 경제 위기를 이미 지혜롭게 탈출한 경우다. 네덜란드는 1980년대 초반까지 심각한 경제위기에 빠져 있었다. 청년 실업률이 30퍼센트까지 치솟았고 복지 부담이 늘어나면서 '유럽의 병자'로 불렸다. 위기에서 벗어나기 위해 네덜란드가 한 선택은 일자리를 나누되 고용의 안정성은 보장하는 것이었다. 1982년 네덜란드의 노조와 재계, 정부는 일자리를 지키면서도 기업의 부담을 줄이는 '바세나르 3자 협약'을 체결했다. 노동자가 임금인상을 억제하는 대신 기업은 근무시간을 단축해 일자리를 늘리고, 정부는 노동자에게 실업급여와 재교육 등을 제공하고 기업에는 세금감면 등의 정책적인 지원을 함으로써 노동자와 기업 사이의 중재 역할을 했다.

그 결과 50퍼센트에 불과했던 고용률을 75퍼센트까지 끌어올린 이른바 '네덜란드의 기적'을 이뤄내고, 오늘날의 높은 국민소득과 탄탄한 중산층을 자랑하게 되었다. 네덜란드에서는 시간제 일자리도 정규직이며 똑같은 사회보장 혜택을 받는다. 적게 일한다고 해서 불이익을 받는 일은 없다.

이 나라 여성들은 형편에 따라 근무시간을 조절할 수 있기 때문에 결혼과 출산으로 경력이 단절되는 경우가 드물다. 암스테르담의 한 초등학교에서 1주일에 세 번 아이들을 가르치는 하거나스 씨는 시간제 교

일자리를 나누되 고용 안정성은 보장하도록 한 바세나르 3자 협약은 네덜란드가 적게 일하고 소득이 안정된 일자리를 만들 수 있는 바탕이 되었다.

사다. 이 학교 교사 네 명 중 한 명은 시간제로 일한다.

"시간제 노동에 굉장히 만족하고 있어요. 육아와 일을 병행할 수 있으니까요. 우리 학교 교장 선생님도 주 4일 시간제로 일하고 있어요. 시간제 노동자와 풀타임 노동자 사이에는 노동시간의 길고 짧음을 제외하고는 아무런 차이가 없어요."

네덜란드가 어떻게 적게 일하고도 소득이 안정된 일자리를 만들 수 있었는지 틸버그대학 톤 빌트하건 교수는 다음과 같이 분석한다. "충분한 임금과 사회 안전망을 마련하지 않은 채 고용 유연화만 강제할 수도 있었겠지만, 그럴 경우 사회문제가 상당히 발생했을 거예요. 네덜란드는 두 가지를 잊지 않았습니다. 첫 번째는 질 낮은 시간제 일자리는 가계를 지탱할 수 없다는 것, 두 번째는 시간제나 비정규직 일자리에 사회보장 체계가 전제돼야 한다는 것이었습니다."

네덜란드도 우리처럼 여러 차례 경제위기를 겪었지만, 같은 상황에서 그들은 우리와 다른 선택을 했다. 노동자에게 일방적인 해고와 희생을 강요한 것이 아니라 모두가 함께 협상 테이블에 앉아 피해를 최소화할 수 있는 방법을 고민했다. 노동시간을 유연하게 하는 대신 동일한 사회보장과 동일한 임금을 지급하는 방식으로 중산층의 일자리를 지켜냈다.

불평등으로 고통받는 국민이 없도록

—

경제학의 아버지로 불리는 애덤 스미스는 이익을 추구하는 인간의 본성을 존중해야 하고, 그 과정에서 불평등은 불가피하게 발생할 수밖에 없다고 했다. 하지만 그는 동시에 국가의 역할을 강조하며 '불평등으로 인해 고통받는 국민을 국가가 보호해야 한다'고도 했다.

저출산 고령화, 저성장 양극화의 총체적인 늪에 빠져 있는 대한민국에는 중산층 확대를 위한 해법이 절실하다. 중산층을 살리기 위한 가장 기본적인 복지의 틀조차 마련돼 있지 않은 우리 사회는 안전장치 없이 고속도로를 과속으로 달리는 낡은 자동차처럼 위태롭기만 하다.

사실 양극화는 어제오늘의 이야기가 아니다. '비정규직의 임금 격차와 차별을 해소하겠다', '중소기업을 육성하겠다', '중소기업의 임금 격차를 줄이겠다', '최저임금을 인상하겠다', '노동시간을 단축해 일자리를 나누겠다', '대기업 골목상권 진출을 방지하겠다' 등등 역대 대통령 선거에 나온 경제정책들만 봐도 양극화의 심각성에 대해 보수와 진보를 떠나 공감이 이뤄지고 있음을 알 수 있다. 조금씩 차이는 있더라도 중산층의 안정적인 일자리를 늘리고 공정한 시장 질서를 확립하는 데 큰 뜻을 함께하고 있는 것이다.

양극화라는 잘못된 방향으로 나아가는 대한민국을 바로잡으려면 마지막 보루로 남아 있는 4년이라는 시간 동안 사라진 중산층을 되살리기 위한 노력에 매진해야 한다. 더는 경제성장을 빌미로 불평등을 강요하지 않는 사회, 노동만으로 충분히 살 수 있는 사회를 향해 나아가야 한다. IMF 외환위기 이후 20년, 그 시간들이 후퇴시킨 대한민국을 이제는 제자리로 돌려놓을 때다.

미래를 꿈꾸고 계획해도
괜찮다는 희망이 필요하다

이현정 PD

취재 중 만난 김재만 씨의 삶은 IMF 외환위기 전후의 한국 사회를 그대로 대변하는 듯했다. IMF 이전, 고등학교를 졸업하고 조흥은행(현재 신한은행)에 입사한 김재만 씨는 그 시절 여느 가장이 그랬듯 회사에 헌신했다. 열심히 일한 만큼 승진을 거듭해 40대 초반의 나이에 은행 지점장 자리에 올랐고, 알뜰히 돈을 모아 10년 만에 집도 장만했다. 눈부신 성장을 거듭해온 산업화 시기의 대한민국처럼, 그의 노력은 늘 성과로 이어졌다.

이 당연한 흐름을 깨뜨린 것이 바로 IMF 외환위기다. 기업들이 도산하고 은행들이 줄지어 문을 닫으면서 평생직장으로 믿었던 은행도 그에게 퇴직을 종용했다. 퇴사 후 퇴직금을 털어 건설업체를 차렸지만 얼마 가지 못했다. 그 후 20년간 재만 씨는 택시기사, 다단계 판매, 닭꼬치 가판 등 가리지 않고 일했다. 하루도 쉰 날이 없었지만 은행에서 근무하던 시절의 안정감은 도저히 되찾을 수 없었다. 40대의 나이에 정규직에서 물러난 그에게 주어진 일자리는 자영업, 비정규직 또는 특수고용직뿐이었고, 이 일자리들의 처우는 이전과 비교도 할 수 없을 만큼 나빴다. '고용 유연성을 높이라'는 IMF의 가혹한 구조조정 요구는 많은 양질의 일자리를 사라지게 했고, 다시는 사람들이 본래의 자리로 돌아갈 수 없게 만들었다. 단 한 번의 이탈이 '안전한 중산층의 삶'으로부터 영구적인 이탈을 의미하게 된 사회, IMF 외환위기 이후 벌어진 한국 사회의 변화다.

IMF 외환위기의 영향은 당시 사회의 중추였던 재만 씨 세대에만 그치지 않았다. 부모의 고통을 바로 곁에서 지켜보며 유년 시절을 보낸 아이들은 지금 한국 사회의 중추인 20~30대로 성장했다. 이들은 부모를 통해, 한번 정규직에서 이탈하면 다시 재진입하기 어렵다는 것을 피부로 학습했다. 아버지와 어머니의 고통을 반복하고 싶지 않은 합리적인 20~30대의 선택은 크게 두 가지다. 법으로 정해진 정년까지 안정적인 일자리를 보장받는 공무원이 되거나, 정규직이 될 수 없을 바에야 한국을 떠나는 것(탈조선). 오늘날 청년들의 선택은 재만 씨 세대의 기억과 놀랄 만큼 연관돼 있다. IMF 외환위기는 일종의 트라우마처럼 한국 사회 곳곳에 깊은 상처를 남겼다.

사람은 희망을 가지고 산다. 열심히 일하면 더 나은 삶을 살 수 있다는 희망, 내가 일한 만큼 보상이 주어질 거라는 희망. 지난 20년간 한국 사회가 잃어버린 것이 바로 그 희망이다.

희망은 곧 미래다. 내 생활이 더 나아질 것이라는 희망이 있어야 사람은 소비를 하고 미래를 계획하며 가정을 꾸린다. 양극화된 일자리 문제가 저출산이나 내수 감소 등의 다른 사회문제로 직결되는 것은 이 때문이다. 우리보다 앞서 양극화 문제를 경험한 영국과 일본은 이 '희망'에 국가의 미래를 걸고 적극적으로 정책을 펴고 있다. 유럽 국가 중 양극화 수준이 가장 높은 영국은 이미 젊은 노숙자 수 급증, 치안 불안, 복지 재정 부족 등 '희망 없는 사회'의 부작용을 겪었고, 이를 극복하기 위해 '국가 생활 임금' 정책을 선택했다. 의식주를 간신히 해결할 수준의 최저 생계비가 아니라 물가를 반영해 노동자와 그 가족이 기본적인 생활을 영위할 수 있는 수준의 임금을 최저임금으로 책정하는 것이다. 충분한 소득이 지역 사회 내의 소비로 이어지고, 경제 발전에도 이득이 된다는 판단에서다. 오랜 기간 내수 침체에 빠져 '잃어버린 20년'을 보낸 일본 역시 '동일노동 동일임금' 정책을 적극적으로 추진하고 있다. 비정규직이나 특수고용직이라도 같은 업무를 하면 정규직과 동일한 복지와 임금을 보장해 고용 유연성과 사회적 안전망을 모두 확보한다는 정책이다.

IMF 외환위기 이후 20년, 한국 사회는 많이 변했다. 취재를 통해 우리는 그 변화의 폭과 결을 년밀히 살피며 여전히 남아 있는 트라우마를 곳곳에서 발견했다. 그리고 질문해보았다. '이 트라우마를 치유할 길은 없을까?'라고. 사실 우리 모두는 이미 정답을 알고 있다. 세계에서 가장 빠른 속도로 고령화가 진행되고 가장 낮은 수준의 출산율을 매년 경신하는 대한민국에 오늘날 가장 필요한 것은 보통 사람들의 희망이라는 것을. 어떤 형태의 일자리에서 일하든 차별받지 않고 충분한 보상을 얻을 수 있다는 믿음, 성실히 일한다면 갑작스럽게 일자리를 잃거나 위험한 환경에 내몰리지 않을 거라는 확신, 그래서 이 사회에서 미래를 꿈꾸고 계획해도 괜찮다는 희망이 절실히 필요하다.

2017년 취재 당시에 비해 노동자들의 근로 환경을 개선하고 소득을 늘려 중산층을 키우자는 주장이 조금 더 사회적 공감을 얻고 있다. 여기 소개한 어떠한 정책도 완벽한 정답이 될 수는 없다. 나라마다 경제적 배경과 사회적인 환경이 다르기 때문이다. 그러나 영국의 보수당과 일본의 자민당 그리고 자유주의 경제체제를 지원해온 국제통화기금 IMF까지 한목소리로 양극화를 해소해야 한다고 이야기하는 것은 시사하는 바가 크다. 이제 우리에게 남은 과제는 실천뿐이다.

明見萬里

4장

재벌 시대를 넘어서려면

—

공정하게 경쟁하는 사회

明
見
萬
里

세상 그 어디에도 없는 한국만의 고유한 기업지배구조로,

영어 사전에도 등재된 '재벌(chaebol)'.

이들은 자본과 시스템마저 독식하며 사회를 장악하고 있다.

공정한 생태계를 만들기 위해 우리는 지금 운명을 건 변화를 시작해야 한다.

MARKET SHARE

재벌 시대를 넘어서려면

> 공정하게 경쟁하는 사회

운동장을 기울인 한국의 재벌들

—

무더위가 기승을 부리던 2018년 여름, 한 무리의 사람들이 한 재벌 그룹 본사 앞에 모였다. 그 가운데 김준형(가명) 씨가 있다. 끝까지 버티다 결국 회생신청을 했다는 그는 지방의 한 육류 유통업체를 운영하고 있었다. 2009년 설립 이후 꾸준히 흑자를 내며 연매출 680억 원까지 성장했던 기업이다. 그러나 대기업과 계약하면서 이 모든 것이 물거품이 될 줄은 상상도 못 했다.

"○○마트가 찾아와서 앞으로 자기들과 거래하면 중소기업 이상으로 성장할 수 있다고 했어요. ○○마트는 전국 유통망을 가신 대기업이니 당연히 기회라고 생각했죠."

그런데 납품단가는 수시로 후려쳐졌다. 특히 '삼겹살데이'나 창립기념 할인행사 때는 낮은 단가에 많은 물량을 납품토록 해 손실 규모가 눈덩이처럼 불어났다. 손해를 보면서도 납품했던 이유는 행사만 끝나면 손실을 보전해주겠다는 대형마트 측의 약속 때문이었다고 한다. 그러나 손실은 점점 커졌고, 손실 보전 약속은 지켜지지 않았다.

게다가 대형마트는 납품업체에게 자발적으로 낮은 단가에 납품하겠다는 공문을 작성케 했다. 김준형 씨의 회사가 대형마트 측에 보낸 공문을 살펴보면, 납품업체가 직접 행사물량을 요청하면서 삼겹살을 9100원에 납품하겠다고 하는 내용이 적혀 있다. 그러나 당시 해당 대형마트가 작성한 단가표를 확인해보면 삼겹살 단가는 1만 5600원으로 책정돼 있다. 공문대로라면 1만 5600원의 삼겹살을 납품업체가 6500원씩 일부러 손해 보며 납품했다는 이야기가 된다.

"○○마트가 저희에게 행사 요청서를 작성하게 했어요. 우리가 그런 단가를 자청했다는 증거를 만드는 거예요. 그런데 이렇게 자진해서 큰 손해를 보는 회사가 어디 있겠습니까? 저희가 ○○마트하고 거래하기 전에는 항상 흑자만 나던 회사인데, 그런 경영적 판단을 제가 못 하겠습니까? 행사 요청서를 보면 납품단가만 낮추는 게 아니라, 물류비부터 세절비 등 여러 비용을 더 쓰게 돼 있어요. 이런 행사는 저희가 할 이유가 없거든요."

대형마트와 3년 동안 거래하며 회사에 남은 것은 109억 원의 빚뿐이다. 김 씨는 아직도 그 보상을 받지 못한 상태다.

"사람들이 왜 그렇게까지 당했는지 의아해해요. 그런데 대기업이 가격을 후려치면 맞을 수밖에 없는 구조입니다. 우리도 부당한 부분을 어떻게 해서든 입증하려 했고, 나름대로 절규했어요. 하지만 받아들여지지 않았습니다. 알면서도 당할 수밖에 없는 사람은 얼마나 비참하겠습니까."

어떻게 이런 일이 가능할까? 드라마로까지 만들어지며 인기를 끌었던 최규석 작가의 웹툰 〈송곳〉에 큰 반향을 일으킨 대사가 나온다. "프랑스 사회는 노조에 우호적인 것 같은데, 저희 회사는 프랑스 회사고 점장도 프랑스인인데 왜 노조를 거부하는 걸까요?" 이 질문에 대한 답은 "여기서는 그래도 되니까"였다. 지금 대한민국은 '그래도 되는' 나라다. 그렇다면 질문이 따라붙는다. 이런 대한민국을 누가 만들어냈을까? 이 시스템은 어떻게 작동하는가? 그 뒤에는 한국의 재벌들이 있다. 그들은 국가가 만들어준 어마어마한 부를 바탕으로 사회 시스템마저 장악해나가고 있다.

과거 산업화 시대, 대한민국의 모토는 '성장 제일주의'였다. 우선 경제부터 성장해야 한다는 기조 아래 그 밖의 모든 것들은 유보됐다. 인권도 노동권도 공정성도 환경도 생태도 모두 나중이라는 말로 밀쳐졌다. 반면 기업에는 국민이 낸 세금으로 각종 혜택을 주는 것은 물론이고, 은행에서 어마어마한 돈을 빌릴 수 있도록 국가가 알선하고, 기업의 비리를 알면서도 눈감아주는 일이 다반사였다. 그렇게 정부 주

저희 회사는 프랑스 회사고 점장도 프랑스인인데 왜 노조를 거부하는 걸까요?

여기서는 그래도 되니까.

2015년 연재된 최규석 작가의 웹툰 〈송곳〉은 '그래도 되는 나라'가 되어버린 한국 사회를 신랄하게 묘사하고 있다. (출처: 송곳 1, 최규석 만화, ㈜창비, 2015)

도의 산업화가 이루어지는 과정에서 기업 총수 및 그 가족에 의해 폐쇄적으로 지배되는 기업 집단이 생겨났다. 바로, 거대한 규모와 족벌 경영을 특징으로 하는 한국 특유의 기업 집단으로 영어사전에도 등재된 '재벌(chaebol)'이다. 2000년에만 해도 100대 기업 CEO 중 60퍼센트 이상이 창업자였지만, 2015년에는 70퍼센트 이상이 상속자다. 창업자 시대에서 상속자 시대로 이전하면서 재벌기업들의 오너 경영 체제는 더욱 견고해졌다.

그런데 국가와 국민의 전폭적 지원 아래 성장한 재벌기업들이 대한민국의 부를 독식해가고 있다. 2005년 GDP 대비 50퍼센트 정도였던 30대 재벌의 자산은 10년 동안 꾸준히 늘어 2015년에는 98.64퍼센트의 규모로 거의 두 배 가까이 증가했다. 현재 30대 재벌의 자산을 모두 합치면 대한민국의 국내총생산 규모와 거의 비슷하다. 그렇다면 이른바 5대 가문이라 불리는 삼성, 현대, LG, SK, 롯데의 자산은 얼마나 될

까? GDP 대비 70퍼센트의 규모에 육박한다. 또한 재벌기업들의 문어발식 확장도 더욱 거세지고 있다. 자산 총액 5조 원 이상인 대기업 집단의 계열사는 2004년 884개에서 2016년 1736개로 두 배 이상 늘어났다. 5대 가문의 계열사 역시 10년 사이 약 630여 개로 늘었다. 이들이 진출한 영역은 전체 업종의 70퍼센트(99개 중 66개)로, 재벌가의 영향력이 우리 삶 곳곳으로 깊숙이 스며들고 있다. 아파트부터 시작해, 자동차, 텔레비전, 냉장고, 세탁기, 스마트폰, 카드, 택배, 화장품, 옷, 음식점, 카페, 거리마다 설치된 CCTV까지, 우리가 자고 먹고 입는 모든 곳에 재벌기업이 손을 뻗치고 있다. 심지어 스마트폰 케이스와 택배송장도 재벌가가 만들고 있을 정도로 우리는 재벌공화국에 살고 있다.

사회 시스템마저 장악한 한국의 재벌들

－

더욱 심각한 것은 자본을 독식한 재벌기업이 사회 시스템마저 장악해가고 있다는 것이다. 그리고 그렇게 장악한 시스템을 다시 자본을 늘리는 데 동원하면서 가면 갈수록 부가 재벌에게 편중되고, 중소기업과 골목시장의 상권마저 수중에 넣은 그들의 성은 나날이 견고해지고 있다. 재벌은 사회 시스템을 어떻게 망가뜨릴까. 실제 사례를 통해 살펴보자.

생산량이 세계 10위권이라는 당진 현대제철소는 그 규모만큼 건설

당시 국내 굴지의 대형 건설사들이 공사 입찰에 많이 참여했다. 입찰을 따낸 대형 건설사들은 다시 중소 건설업체와 하도급 계약을 맺고 이들 기업에 일감을 나눠주었다. 아하엠텍도 하도급 계약을 맺고 당진 제철소 건설에 참여했던 중소기업 중 하나다. 그런데 이 회사는 공사를 마치고도 원청인 대형 건설사로부터 100억 원이 넘는 대금을 받지 못했다. 중소기업에 100억 원이 넘는 미지급 대금이란 회사의 명운이 달린 문제다. 이 기업은 현재 도산한 상태다. 이 중소기업의 대표 안동권 씨는 미지급 대금을 받기 위해 공정거래위원회에 호소했다. 공정위라면 당연히 이 억울함을 풀어주리라 믿었기 때문이다. 하지만 현실은 달랐다.

안동권 씨가 공정위의 공정성에 강한 의구심을 가진 것은 1년 반에 걸친 조사가 끝난 뒤였다. 공정위에서는 의뢰인이 요청한 사건의 조사가 끝나면 심결위원회로 해당 사건이 올라간다. 조사 결과 작성된 보고서를 검토해 심결위원회가 최종판결을 한다. 그런데 조사 의뢰인의 자격으로 심결위원회의 판결 과정에 입회했던 안 씨는 공정위의 태도에 큰 충격을 받았다. 공정위가 판결을 내리지 않고 오히려 안 씨에게 민사소송을 종용했기 때문이다. 통상 판결까지 2~3년이 걸리는 민사소송으로 가게 되면 자금 압박을 받는 중소기업의 입장에서는 소송 결과가 나올 때까지 버텨낼 수 없는 것이 현실이다. 이런 상황에서 안 씨는 당시 대금 지급을 거부했던 해당 대형 건설사의 전 임원에게서 믿기 힘든 이야기를 들었다. 그 임원은 해당 건설사의 아침 회의에서 들었다며 다음과 같이 말했다.

"산업플랜트 팀에 있던 부장이 공공연히 '우리가 이깁니다. 이건 다 끝난 게임입니다'라고 했어요. 어떻게 끝나느냐고 물어보니 '공정위가 우리가 다 이긴다고 했으니 걱정 말라'고 하더군요. 어떻게 대처할 건지를 공정위 관계자로부터 조언받고 있다는 이야기죠."

한 달 뒤 나온 공정위의 최종판결은 대기업 내부에서 암암리에 이야기됐던 대로, 대기업의 승리로 끝났다. 문제를 제기한 거의 모든 부분에 대해서 공정위는 판결할 수 없다는 결론을 내렸고, 해당 대기업은 무혐의 판정을 받았다. 이 판결은 공정위 조사 후 작성된 심사보고서를 검토해서 나온 결과다. 그런데 심사보고서 내용은 최종판결과 완전히 달랐다. 당시 공정위 심사보고서는 해당 대기업이 법을 위반한 데 대해 과징금 32억 원을 납부하고, 밀린 하도급 대금과 부당하게 지급하지 않은 대금을 모두 지급해야 한다고 결론짓고 있었다. 그런데 최종판결 통보서에서는 이 모든 내용이 다 뒤집힌 것이다. 공정위가 조사하고 공정위가 판결한 것인데 어떻게 이런 상이한 결과가 나왔을까. 서울대 법학전문대학원 이봉의 교수는 "상당히 이례적인 현상"이라고 말한다.

"시정조치와 과징금까지 부과되는 내용의 심사보고서가 나왔는데, 심판 결과는 아예 무혐의로 나왔어요. 아주 극과 극으로요. 이렇게 심사보고서와 현저히 거리가 먼 심판이 나오는 것 자체가 상당히 이례적입니다."

게다가 안동권 씨는 공정위의 조사 결과를 담고 있는 심사보고서를 공정위 판결 후에도 받아볼 수 없었다. "민사소송을 그렇게 하라더니……. 민사소송을 할 때 이 심사보고서가 필요하니 법원에서 그걸 달라고 다섯 번을 요청했습니다. 그런데 공정위는 끝까지 안 줬습니다."

결국 안동권 씨는 민사재판이 패소로 끝난 뒤 헌법재판소에 헌법소원을 내고 나서야 공정위로부터 해당 심사보고서를 받아볼 수 있었다. 지난 2014년 국정감사에서는 공정위 직원과 대기업 간의 유착문제가 집중 거론됐다. 당시 국정감사에서 문제가 됐던 공정위 직원은 공정위 상임위원. 바로 안동권 씨 사건의 심결위원장이다. 그는 이 사건 판결 후 안동권 씨와의 소송 당사자였던 해당 대기업을 대리하는 법무법인으로 이직했다.

문제는 이런 비상식적인 일이 그저 공정위 간부 개인의 일탈이 아니라는 것이다. 공정거래위원회, 국세청, 금융감독원 소속이던 공무원들이 국내 5대 로펌으로 얼마나 이직했는지를 조사했다. 현재 우리나라 대기업들의 법률 대리인으로 일하고 있는 5대 로펌 홈페이지에 들어가 공개된 직원들의 프로필을 확인한 결과 공정위 출신 61명, 국세청 출신 85명, 금감원 출신 74명 등 총 220명이 퇴직 후 5대 로펌에 재취업했다는 걸 확인할 수 있다. 2018년 검찰에서도 공정위 퇴직 간부들의 대기업 불법 재취업 의혹에 대해 수사를 벌였다. 재취업한 공정위 전관들은 특별한 업무를 하지 않으면서도 억대 연봉과 법인카드를 제공받고, 심지어 2년 정도 근무한 뒤에는 후배 퇴직자들에게 자리를 대물림한 정황까지 나왔다.

지금 대한민국 사회는 공정한 규칙이 작동하지 않는 상태다. 그 시장권력을 견제할 공정한 규칙은 아직 만들어지지 않았다. 약육강식의 논리만 작동하는 정글사회에서 생존본능에 가장 부합하는 선택은 무엇일까? '억울하면 출세하는 것' 이외에는 다른 방법이 없다. 지금 우리에게 필요한 것은 공정한 규칙(제도)과 힘의 균형이다.

피라미드 해체는
재벌개혁의 선결조건

—

과거 산업화 시대 대한민국은 재벌을 중심으로 빠른 경제성장을 이룩했다. 하지만 시간이 흘러가면서 재벌은 비정상적으로 비대해졌고, 과거 혁신의 주역이었던 그들은 이제 혁신의 장벽이 되고 있다. 이런 상황에서 재벌과 재벌 의존적인 한국 경제는 경쟁력을 잃어가고 있다.

재벌은 내부적으로 혁신이 이뤄지는 경우가 거의 없다. 비대해진 조직의 의사소통 구조 자체가 혁신을 막기 때문이다. 이것은 한국뿐만 아니라 전 세계가 마찬가지다. 혁신은 주로 중소기업, 스타트업에서 일어난다. 지금 혁신의 속도는 엄청나다. 큰 기업들은 이런 혁신들을 흡수해 성장할 수밖에 없다. 그만큼 외부의 혁신을 찾아내는 기술이 중요한 시대에 살고 있다. 예를 들어 모토로라, 노키아, 삼성이 장악했던 휴대전화 시장을 애플이 선도할 수 있었던 비결은 소기업과 함께 나아가는 전략 덕분이었다. 이것이 미래 전략이다. "혁신은 작은 기업에서 탄생한다"는 것을 잘 알고 있던 애플은 스타트업 기술의 가치를 인정했고, 제값을 주고 기술을 사서 그들과 함께 성장했다. 애플의 음성 인식 서비스 '시리'도 작은 기업으로부터 인수한 혁신이다. 삼성도 애플과 같은 기회가 있었다. 안드로이드를 개발한 앤디 루빈은 제일 먼저 삼성을 방문했다. 하지만 삼성은 루빈의 옷차림새를 보고는 그의 기술은 보려고 하지 않았다. 2주 뒤, 그는 이 기술을 구글에 5000만 달러(약 500억 원)에 팔았다. 삼성이 매해 구글에 지불하는 안드로이드 사용료는 5000만 달러 이상이다.

이것은 비단 삼성만의 문제가 아니다. 서울대 행정대학원 박상인 교수는 오랜 시간 한국의 재벌들이 강력한 수요 독점을 무기 삼아 하청업체 '단가 후려치기'와 협력업체 기술 탈취에 몰두해왔다고 일갈한다. "일감 몰아주기와 수직 계열화 등을 통한 부의 승계가 재벌의 유일한 관심사였습니다. 그 결과 재벌의 덩치는 커졌지만, 혁신할 기회를 놓치게 되었죠."

미래에는 재벌 시대를 넘어 새로운 주인공이 필요하다. 이를 위해서 재벌개혁은 사회정의를 실현하는 차원을 넘어, 한국 경제의 위기탈출을 위해 반드시 필요한 과정이다. 근본적인 구조개혁을 이룬 이스라엘의 재벌개혁 사례가 중요한 참고가 될 것이다.

이스라엘은 10대 재벌그룹이 여러 산업에 걸쳐 내수시장을 장악하고 있다. 상위 10대 기업이 주식시장에서 차지하는 비중은 OECD 국가 중 이스라엘이 가장 높았다. 바로 아래 한국이 있다. 이스라엘의 평범한 가정에서 어머니와 아버지가 매일 아침 읽는 일간지와 가족들이 이용하는 최대 이동통신사, 자녀들의 옷장을 가득 채운 의류브랜드는 물론 4인 가족이 들고 있는 보험까지 모두 IDB라는 한 재벌그룹이 소유하고 있다.

이스라엘에서 가장 큰 기업인 IDB는 총수가 적은 지분으로 여러 단계의 계열사 출자를 통해 수많은 회사를 지배하는 피라미드 구조를 가지고 있다. 피라미드 구조는 한국에서도 흔히 나타나는 지배 사슬로, 한 기업이 다른 기업을 지배하고 그 기업은 또 다른 기업을 지배하는 구조다. 꼭 그렇지는 않지만 대개 가장 위에는 한 개인 혹은 집안이 자리한다. IDB는 다섯 단의 피라미드 구조를 가지고 있는 데 비해, 삼성이나 LG 등 한국의 재벌들은 이보다 훨씬 복잡한 다단계 피라미드 구조를 가지고 있다.

이러한 피라미드 구조는 여러 문제를 양산한다. 우선 적은 양의 자본으로 국가 경제의 상당 부분을 조정할 수 있기 때문에 한 개인 혹은 집안의 영향력이 확대된다. 식료품점과 같은 작은 가게라면 그것을 자녀에게 물려줘도 개인의 문제이기 때문에 상관없다. 하지만 누군가가 한국 GDP의 15퍼센트를 자녀에게 물려주고자 한다면, 이것은 거시경제적인 문제다. 능력, 노력, 지능은 항상 유전되는 것이 아님에도 정해진 후보(자녀들) 중에서 후계자를 골라야 한다. 물론 가족기업의 장점도 있지만, 군주제가 좋은 정치제도가 아닌 것처럼 한 집안이 경제의 상당 부분을 지배하는 것도 좋지 않다.

그런데 이보다 더 중요한 문제가 있다. 바로 독점권의 문제다. 여러 산업에 걸쳐 경쟁하는 대기업들은 공정하게 경쟁에 임하기보다는 막강한 부로 경쟁업체들을 공격해 해당 분야에서 쫓아내는 식으로 자신들의 독점권을 강화해왔다. 이것은 비단 대기업이 진출한 산업 분야에만 국한된 문제가 아니다. 관련 없는 산업이라 하더라도 기업들이 규제를 구부릴 수 있는 방법이 생기고 경쟁력이 강한 산업을 이용해 약한 산업에 영향을 끼칠 수 있다. 이렇게 독점권이 생긴 기업은 정치적 영향력이 강해지며, 국가 규제를 형성하는 데에도 영향을 미친다.

이스라엘의 변화에서 배워야 할 것들

━━━

1990년대 중반 민영화 과정에서 급속히 형성된 이스라엘 재벌은 많은 문제를 양산했다. 결국 2011년 7월, 이스라엘의 경제 중심지 텔아비브에서 이스라엘 역사상 가장 큰 시위가 일어났다. 높은 물가와 집값에 불만을 가진 시민들의 항의였다. 당시 이스라엘 인구의 무려 10퍼센트가 텐트시위에 참가했다. 현장에 있었던 라암 씨는 당시 일을 선명하게 기억한다.

"사람들은 정부에 굉장히 화가 나 있었어요. 젊은이들은 살 곳도 없

지난 2011년, 높은 물가와 집값을 견디지 못한 시민들이 텔아비브로 쏟아져 나왔다. 인구의 10퍼센트가 참가한 이 시위를 계기로 이스라엘에 변화가 시작됐다.

고 할 수 있는 일도 없었죠. 처음에는 몇몇 사람들만 텐트를 쳤어요. 자신들을 도와주기 전까지는 거리에 텐트를 치고 살며 움직이지 않겠다고 했죠. 집이 가장 큰 문제였지만, 그 밖의 모든 것에 대한 시위이기도 했어요. 음식도 치즈도 빵도 아파트도, 다 비싸다는 거였죠. 너무 많은 돈을 쥐고 있는 재벌들 때문에요. 처음에는 몇 사람이 시작했지만 며칠 사이에 수백 개, 수천 개의 텐트들이 지어졌죠. 시위는 텔아비브를 넘어 이스라엘 전역으로 퍼져나갔어요. 정부도 처음에는 별로 신경을 안 썼지만, 시위가 커지자 많은 언론이 시위를 취재했고, 결국 정부도 우리 목소리에 귀 기울일 수밖에 없었죠."

2011년 대규모 텐트시위 이후, 이스라엘에 변화가 시작됐다. 2012년 문제의 원인을 정확히 규명하기 위해 위원회가 조직됐다. 각 분야 전문가들로 구성된 경쟁력강화위원회는 1년 6개월 동안의 조사를 통해 30쪽에 달하는 최종 보고서를 냈다. 그리고 2013년 4월, 보고서를 바탕으로 한 재벌개혁 법안이 이스라엘 국회에서 만장일치로 통과됐다. 텐트시위 이후 치러진 2012년 이스라엘 총선은 처음으로 경제문제가 주요 이슈였던 선거였다. 선거 과정에서 재벌개혁에 대한 민의가 수렴되었고, 그 결과 새로 구성된 이스라엘 의회(Knesset)는 재벌개혁에 더욱 적극적일 수 있었다.

이스라엘 재벌개혁의 세 가지 주요 내용은 다음과 같다. 첫째, 모든 기업집단은 지주회사와 자회사의 2단계 출자만 허용하고, 기존 재벌도 6년 내 이 조건을 충족해야 한다. 둘째, 주요 금융회사와 주요 비금융회사를 동시에 보유할 수 없다. 이 둘을 동시에 보유할 경우, 금융회사가 건강하지 않은 계열사라도 단순히 같은 그룹에 속해 있다는 이유만으로 돈을 빌려줄 수 있고, 이러한 일이 반복되어 그 규모가 커지면 체계적 위협이 될 수 있기 때문이다. 셋째, 경제력 집중 우려가 있는 기관(concentrated entities)의 민영화, 공공입찰, 라이선스 획득 참여 여부는 새롭게 구성된 정부위원회에서 경제력 집중을 평가해 권고하도록 했다.

법안 통과와 더불어 다양한 분야에서 재벌의 독점해소를 위한 노력이 이어졌다. 그중 가장 눈에 띄는 것은 이동통신 업계의 변화다. 재벌들이 장악했던 시장에 새로운 회사들이 진출해 경쟁하면서 즉각적인 경제효과가 나타났다. 휴대전화 요금이 1년 사이에 월 300~500세켈에서 50세켈(약 1만 5000원)로, 무려 90퍼센트까지 떨어졌다. 이스라엘의 정치칼럼니스트 애셔 스케쳐는 이스라엘 사람들의 인식이 달라졌다고 말한다. "사람들은 피라미드 구조가 잘못된 이유를 이해하기 시작했습니다. 이스라엘의 경제력 집중이 심한 이유를 알게 된 것이죠."

이스라엘 기업들은 대부분 1990년대 후반에서 2000년대 초반에 생겨났다. 그리고 그 재벌의 부가 2대로 세습되기 전에 서둘러 개혁을 실행했다. 세습이 되면 부의 편중이 심화된다는 사실을 그들은 이미 알고 있었다. 이스라엘의 재벌개혁은 한순간에 이뤄지지 않았으며, 현재도 진행 중이다. 그들은 조사와 보고서 작성에 1년 반, 국회 토론에 1년 반, 총 3년에 걸쳐 투자했기에 모두가 동의하는 개혁안을 만들어 낼 수 있었다. 이스라엘의 재벌개혁 담당자는 "지금이 위기라는 것을 깨닫지 못하면 미래에 더 큰 비용을 지불하게 될 것"이라고 강조한다.

그 어떤 국가도 이미 크게 성장한 기업을 좌지우지하지는 못한다. 한국도 IMF의 지원을 받았지만, 결론적으로 대우를 제외하고는 그 이전과 같은 재벌들이 건재하고 있다. 재벌에 의한 경제력 집중이 점점 심화될수록 해법을 찾기는 더욱 어려워진다. 비록 많이 늦었지만 지금이라도 우리 사회에서 재벌개혁에 대한 공평하고 투명한 논의가 절실한 이유다.

어떻게 공정한 규칙을 만들 것인가

━

인간은 누구나 자기 이익을 극대화하려고 한다. 자본가는 이익을 많이 내려 하고, 노동자는 임금을 많이 받고 싶어 한다. 이 사이에서 벌어지는 대립과 갈등은 어쩌면 당연한 일이다. 결국 이 갈등을 체계적으로 조정하기 위해서는 경제주체 간의 공정한 거래와 경쟁에 관한 룰을 제대로 세우는 것이 중요하다.

그런데 지금 우리 사회는 재벌·대기업·자본가가 모든 시스템을 장악하고 있는 것처럼 보인다. 이상하지 않은가. 한국의 재벌은 극히 소수일 뿐인데, 1인 1표 원칙의 민주주의 국가인 대한민국에서 어떻게 이런 일이 가능했을까? 그 한 축에 대한민국 정치제도의 모순이 자리한다.

1987년 당시 국민의 손으로 얻어낸 민주화 체제는 우리 민주주의 역사에 길이 남을 쾌거였다. 그토록 염원했던 독재를 청산했고, 대통령 직선제를 쟁취했다. 이것은 수많은 국민의 피와 땀과 눈물로 만들어낸 결과다. 그리고 현재 대한민국은 1987년 당시 만들어진 정치체제 안에서 움직이고 있다. 하지만 30여 년이 흐른 지금 이 체제는 여러 문제들을 야기하고 있다. 특히 국민의 뜻이 제대로 반영되지 않고, 대다수 국민들이 배제되는 결과를 낳았다.

국민의 투표 결과가 제대로 의석수에 반영됐는지 조사한 결과를 보면, 우리나라는 정당 득표율과 실제 의석 비율의 차이가 커 '불비례성'이 높은 것으로 나타났다. 불비례성 수치가 클수록 국민의 의견과 선거 결과가 일치하지 않는다고 보면 된다. 대한민국은 세계 36개 주요 민주주의 국가 중에 최하위를 기록했다. 즉 국민이 투표에 참여해도 그 표의 반 정도는 사표가 되고, 그만큼 민심이 왜곡될 가능성이 높아

◆ 1981~2010년 주요국 총선 결과에서 나타난 불비례성

국가	불비례성(%)	선거제도
네덜란드	1.08	정당명부식 비례대표제
덴마크	1.60	정당명부식 비례대표제
스웨덴	1.95	정당명부식 비례대표제
오스트리아	2.02	정당명부식 비례대표제
독일	2.55	혼합형 비례대표제
핀란드	3.34	정당명부식 비례대표제
일본	10.50	혼합형 다수대표제(중대선거구제)
미국	13.35	단순다수제
프랑스	19.56	결선투표제
한국	21.97	단순다수제+일부 비례대표제

※불비례성: 실제 의석수로 반영되지 못하는 유권자 표의 비중 (자료: 아렌트 레이파르트, 〈민주주의의 양식〉, 2012)

진다는 뜻이다.

왜 그럴까? 우리나라의 선거제도가 승자독식 구조, 소선거구 1위 대표제이기 때문이다. 예를 들어 어느 지역구에 네 명의 국회의원 후보가 있다고 가정해보자. 한 후보는 32퍼센트의 지지를 받았고, 그다음은 31퍼센트, 그다음은 30퍼센트, 마지막 후보는 7퍼센트의 지지를 받았다. 현재 대한민국의 선거제도에서는 32퍼센트의 득표로 1등을 한 후보가 국회의원으로 선출되고, 나머지 후보들은 얼마의 표를 받았건 모두 패자가 된다. 그런데 이 패자가 된 세 명을 지지한 유권자들을 합치면 68퍼센트다. 1등이 뽑히는 순간 32퍼센트의 의견만 존중받고 압

도적 다수인 68퍼센트의 유권자 집단은 배제되는 것이다.

이는 2016년 4월 치러진 20대 총선에서도 그대로 드러났다. 자유한국당(당시 새누리당)과 더불어민주당의 정당 득표율은 각각 33.5퍼센트와 25.54퍼센트로 전체 표수의 59.04퍼센트였지만 두 정당이 실제 차지한 의석수는 각각 122석(40.7퍼센트)과 123석(41퍼센트)으로 전체 의석수의 81.7퍼센트였다. 실제 국민의 정당 지지도와 달리 거대 정당에 투표한 표의 가치가 더 크게 반영된 것이다. 이렇듯 한국 정치는 사실상 거대 양당 체제로 운영되어왔다. 이렇게 고착된 정치 환경에서 국민이 고를 수 있는 선택지는 정해져 있는 것과 마찬가지이기 때문에 정치인들도 시민의 지지보다는 공천권을 쥔 당 지도부의 선택을 받는 것을 더 중요하게 여겨왔다. 따라서 한국 정치는 거대 양당 정치지도자들에 의해 좌지우지되었다고 해도 과언이 아니다. 시민들이 당장 필요로 하는 민생 법안이나 중소 상공인들이 대기업과의 공정한 경쟁을 위해 필요로 하는 법안들은 거대 양당의 이해관계에 매몰돼 폐기되기 십상이다.

이제 '그들만의 리그'로 전락한 선거제도로는 대다수 국민의 뜻을 '대의'하기 어렵다는 사실이 증명되었다. 그리고 보수와 진보를 넘어 수많은 연구자와 교수, 시민단체들도 끊임없이 승자독식 선거제도의 문제점을 지적하며 그 대안으로 '비례대표제'를 제안해왔다. 비례대표제에서는 모든 정당이 각자 표를 얻은 만큼, 그 비율대로 의석을 나눠 가지기 때문에 민의에 따라 5퍼센트, 10퍼센트, 20퍼센트, 30퍼센트짜리 정당들이 즐비하게 된다. 여기에 사표란 있을 수 없다. 국민들의 한 표 한 표가 모두 의미를 갖게 된다. 즉 민주주의 국가의 주인인 시민 모두가 자신을 대표할 유력한 정치인을 갖게 되는 것이다.

선거제도를 개혁해 대한민국이 비례대표제 국가가 된 미래를 상상해보자. 당장 '청년당'이 생겨날 것이다. 불안한 삶을 하루하루 살아가는 수많은 청년들이 전국적으로 표 10퍼센트를 못 모으겠는가. 10퍼센트를 득표하면 10퍼센트짜리 정당, 즉 2018년 기준 총 300석인 국회에서 30석의 의석을 가진 유력 정당이 된다. 소상공인은 또 어떨까? 700만 소상공인과 그 가족들이 표 10퍼센트를 못 모으겠는가. 800만 비정규직 노동자는 또 어떨까. 이렇듯 청년을 대표하는 정당, 노동자를 대표하는 정당, 소상공인을 대표하는 정당 등 약자를 대표하는 정당들이 다함께 국회에 들어가서 논의 테이블에 앉을 수 있는 그런 포용의 정치가 필요하다. 그래야 진정으로 약자들의 목소리를 시스템화하는 구조가 될 수 있다.

공정한 규칙(제도)과 힘의 균형을 일상화시키기 위해 정치개혁은 필수불가결한 요소다. 이제 시민의 힘이 중요하다. 이스라엘 재벌개혁에서 볼 수 있듯이 시스템의 변화는 하루아침에 오지 않는다. 이스라엘은 텐트시위로 얻은 원동력으로 총선에서 재벌개혁에 찬성하는 사람들을 의회로 보냈고, 이들은 민의를 등에 업고 재벌개혁을 위한 법안들을 마련해 지금까지도 충실히 재벌개혁을 진행하고 있다. 우리도 국회에서 논의되는 선거제도 개혁이 또다시 '그들만의 리그'로 전락하지 않도록 지난 촛불광장에서 발휘된 시민의 힘을 모아야 할 때다. 내 삶에서 벌어지는 문제들을 나 대신 말해줄 진정한 '대의제 민주주의'가 실현될 수 있도록 끊임없이 개입하고 요구해야 한다. 그래야 어느 한 쪽 편을 드는 것이 아닌, 모두의 목소리를 듣고 그 가운데서 답을 찾아나가는 사회, 기울어진 운동장이 복원되고 공정한 경쟁이 가능한 사회에 더 가까이 다가갈 수 있다.

갑질을 통제하는 제도를
마련할 때다

정현덕 PD

2014년과 2018년, 한진그룹 일가의 초법적이고 비상식적인 일탈행위로 촉발돼 사회에 공분을 일으켰던 갑질 이슈는 연이은 피해자들의 아우성과 수많은 언론의 질타에도 여전히 우리 주변에 현재진행형으로 남아 있다. 납품기업의 종속적 지위를 악용해 원천기술을 강탈하거나, 하도급 대금 지불을 거부하는 등 대기업의 갑질로 피멍이 든 중소기업의 사례가 줄을 잇고 있다. 그뿐 아니라 소속 직원에 대한 상습적 폭행을 일삼으며 폭행 영상을 마치 전리품처럼 소장한 H기업 대표의 엽기적 행각이나, 각목과 쇠파이프로 직원을 폭행하고 그의 가족까지 청부살해하겠다고 협박했던 M기업 회장의 모습은 권력을 가진 자가 힘없는 약자를 위협하고 착취하는 전형적 갑질의 행태를 여실히 보여주었다. 끊임없이 벌어지는 갑질 사건을 바라보면서 세월이 가고 세대가 변해도 끝끝내 변하지 않는 인간사의 본질은 바로 갑질이 아닐까라는 강한 의구심마저 든다.

　우리 사회에 만연한 갑질이 아무리 노력해도 변하지 않는 인간의 속성에서 기인한 것이라면 더 이상 양심에 기댈 것이 아니라 제도적으로 갑질을 어떻게 통제할 수 있을까, 그렇게 해서 진화된 시스템이 만든 세상은 어떤 모습일까를 그려보고자 했다.

　그러던 차에 한국의 갑질에 관한 낯 뜨거운 기사가《뉴욕타임스》에 게재되었다. 갑질을 일삼는 재벌 오너들을 가리켜 "(They) behave like feudal lords"라고 묘사했던 것이다. '농노(農奴) 위에 군림하는 봉건영주처럼 행동하는……'이라는 이 문장을 곰곰이 생각해보면, 표현만 다를 뿐 서양의 역사에도 우리와 마찬가지로 힘 있는 자의 갑질이 횡행했음을 알 수 있다. 그런데 그들은 어떻게 갑질을 통제하고 예방했을까?

　학자들에 따르면, 서구 사회는 산업사회 진입 이후 거의 400여 년간 시민혁명과 민주화를 거치면서 인권에 대한 감수성을 키웠고 제도적으로 사회 구성원들의 평등한 관계를 정립하는 데 힘을 모았다고 한다. 우월한 지위에 있는 갑이 횡포를 부릴 수 없도록 을의 단결권을 보장하여 을의 대항력을 강화시켰다. 신장된 을의 대항력은 사회협약과 같은 제도적 장치들을 낳았고, 이런 제도적 장치들은 사회 구성 세력들 간의 불평등 관계를 없애는 중요한 역할을 했다. 당연히 우리의 갑질과 같은 문제는 사그라질 수 있었다.

취재 중에 만난 피해 기업이나 피해자에게서 공통적으로 들을 수 있었던 이야기도 바로 절대자인 갑에게 대항할 수 없다는 점이었다. 부당한 계약인 줄 알면서도 '다음에 잘해줄게'라는 대기업의 말만 믿고 공사했다가 회복하기 힘든 엄청난 피해를 떠안고 도산한 하청기업의 사례나, 프랜차이즈 본사의 부당한 요구에 끌려다니다 결국 폐점한 프랜차이즈 가맹점주들의 피해 사례는 하나같이 대항력이 없어 제대로 된 항변조차 못 하는 을의 무력한 처지를 여실히 보여주었다.

이런 상황을 정치권이나 국회가 모를 리 없다. 갑질에 대한 사회적 공분이 일 때마다 여러 차례에 걸쳐 제도적 해결을 위한 법안들이 제안됐다. '대리점거래의 공정화에 관한 법률', '하도급거래 공정화에 관한 법률', '가맹사업거래의 공정화에 관한 법률', '대규모유통업에서의 거래 공정화에 관한 법률' 등은 다행히 법으로 공포됐다. 하지만 법의 강제성을 보장할 처벌 규정이 약해 실제 거래 관계에서 일어나는 갑질을 제대로 방지하지 못하는 형편이다. 더구나 그 밖의 법안들은 대다수가 본회의에 상정조차 되지 못한 채 기한이 지나 자동 폐기되는 실정이다. 한쪽에서는 너무 힘들어서 죽을 것 같은데, 다른 한쪽에서는 '나 몰라라' 하며 입법안을 내팽개친다. 왜 이런 일이 생길까?

그것은 약자인 을, 병, 정이 자신들을 제대로 대변해줄 유력한 정치세력을 가질 수 없는 현실과 무관하지 않다. 알다시피, 우리의 선거제도는 1987년 제정된 헌법에 따라 소선거구제를 유지해왔다. 이 제도 하에선 막강한 금력과 인력, 풍부한 정보력을 가진 거대 정당들이 유리하다. 이변이 없는 한, 거대 정당들에 유리한 선거판이 펼쳐진다. 결과적으로, 수십만 소상공인과 중소기업인 그리고 그에 딸린 수백만 가족의 권익을 대변하는 정치세력이 들어설 여지가 없다. 따라서 비례대표성을 강화한 선거제도의 도입이 절실하다. 소상공인을 대표하는 정당, 중소기업을 대표하는 정당, 취직을 고민하는 청년을 위한 정당, 집 없는 서민의 정당 등 사회 각 층위별로 그들의 입장을 대표할 수 있는 정치세력이 국회에 많이 입성해야 한다. 그래서 불평등 해소 법안들이 거대 정당들의 이해관계에 막혀 자동 폐기되는 일이 없도록 해야 한다.

정치가 중요하다. 갑질 문제 해결에 무엇보다 중요한 것은 정치권의 역할이다. 힘없는 을, 병, 정의 눈물을 닦아줄 제도와 시스템은 그들을 대표하는 국회의원이 있어야 가능하다. 연일 터져 나오는 갑질 사건들의 이면에는 항상 '문제의 정치'가 자리하고 있음을 우리는 항상 기억해야 한다.

2부

병리
Psychopathy

明見萬里

5 장

불행한 사회에
행복한 개인은 있는가

—

정신적 문제는 정말 개인의 몫인가

明
見
萬
里

호주의 한 주지사가 우울증을 앓는다는 사실을 고백하고

스스로 주지사직에서 물러났다.

그의 고백은 호주 사회에 큰 반향을 일으켰다.

신체적 응급처치만큼이나 정신적 응급처치가 필요하다고 본

호주의 '정신건강 응급처치 센터'는 이제 호주 전역을 넘어

전 세계로 전파되고 있다.

이들은 왜 개인의 정신건강을 사회적 문제로 보았나.

불행한 사회에
행복한 개인은 있는가

> 정신적 문제는 정말 개인의 몫인가

기적을 이룬 대신 기쁨을 잃은 한국인들

—

40분에 한 명, 하루에 36명. 우리나라에서 스스로 목숨을 끊는 사람의 숫자다. 2003년 이후 2017년까지 우리나라는 OECD 회원국 가운데 자살률 1위라는 불명예를 놓친 적이 없다. 한국의 자살률은 OECD 평균의 두 배가 넘는다. 사회를 이루는 개인이 끊임없이 자살을 선택한다는 것은 국가의 뿌리까지 흔들 수 있는 중대한 문제. 이는 우리 사회가 병들어 있다는 절박한 경고이기도 하다.

한국에 사는 외국인들의 눈에 비친 우리 사회의 모습은 우리의 현실을 냉정히 바라보게 한다. 자국에 살 때 느꼈던 압박감은 오로지 길

132

고 긴 겨울 날씨뿐이었다는 핀란드인 밀라 씨는 6년 동안 한국에 살며 한국 사람들이 얼마나 스트레스를 많이 받고 있는지 알게 되었다고 한다.

"한국에서는 어릴 때부터 좋은 학교에 가기 위해 열심히 공부하고 좋은 직장에 들어가기 위해 엄청나게 노력하죠. 성공에 대한 압박이 핀란드보다 훨씬 커요. 스칸디나비아반도 국가들에서 사람들이 일자리를 잃는 건 일시적인 일인 데 반해, 한국에서는 일자리 문제가 훨씬 심각해 보여요. 일자리를 잃고 새로운 일을 구하지 못해서 오랜 시간 일하지 못하는 경우를 많이 봤어요. 그러다 보니 사회가 점점 더 각박해지는 게 아닐까요?"

한국 사회의 모습을 담은 《기적을 이룬 나라, 기쁨을 잃은 나라》를 쓴 영국인 저널리스트 다니엘 튜더는 한국이 사회 안전망이 제대로 작동하지 않은 상태로 급격한 경제성장과 위기를 연이어 경험한 것을 우려했다.

"한국은 60년 전만 해도 지금처럼 부유하거나 질서 있거나 민주적이지 않았어요. 상상할 수 없을 정도로 한국은 발전을 거듭했어요. 그런 면에서 불가능한 성공을 이룬 나라죠. 반면에 한국 사람들이 스트레스를 받고 우울해하는 이유를 살펴보면 그것은 아마도 불가능한 목적, 불가능한 성공의 잣대에 부응해야 한다는 사회 분위기에 원인이 있다고 생각해요. 명문대를 졸업하고 좋은 회사에 취직하고 좋은 동네에 있는 아파트를 사려고 죽어라 일하며 심할 정도로 경쟁하잖아요.

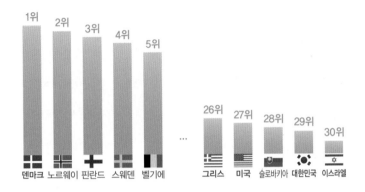

◆ OECD 사회통합지수 순위

한국 사회의 사회통합 수준은 심각한 상황이다. 특히 사회적 포용(상대 빈곤율, 성별 임금 및 고용률 격차, 비정규직의 고용 보호 등) 항목에서 최하점을 받았다. (출처: 한국보건사회연구원, 2015)

저조차 한국에 오래 살다 보니 어느 순간 제 자신에게 스트레스를 주는 워커홀릭으로 살고 있더라고요."

한국 사회에서 개인이 삶을 여유롭게 꾸려가기가 얼마나 힘이 드는지는 '사회통합지수'를 통해서도 알 수 있다. 우리나라는 짧은 기간에 눈부신 성장을 거듭해, OECD 회원국 가운데 GDP 규모 8위의 경제 대국이 되었지만 사회통합 수준은 매우 낮다. 한국보건사회연구원에서는 OECD 회원국을 대상으로 1995년부터 2015년까지 5년 주기로 사회통합지수를 조사해왔는데, 우리나라는 다섯 차례 모두 30개국 중 29위로 최하위 성적을 거두었다. 사회통합지수는 '사회적 포용', '사회적 자본', '사회 이동', '사회 갈등과 관리' 등 네 가지 항목으로 산출

된다. 한국은 네 영역 모두 20위권 밖이었지만, 그 가운데서도 사회적 포용이 가장 취약해 다섯 차례 모두 꼴찌를 차지했다.

사회적 포용은 구성원들이 정치, 교육, 경제 등의 사회제도를 통해 기본적인 권리를 실현하고 있는지, 삶의 질을 높여주는 자원을 잘 나누고 있는지를 평가하는 것으로, '상대 빈곤율', '성별 임금 및 고용률 격차', '비정규직의 고용 보호', 'GDP 대비 노인을 위한 사회지출' 등의 세부 지표로 이루어져 있다. 그중 성별 임금 및 고용률 격차 지수 값은 다섯 차례 모두 0점을 기록했다. 성별처럼 개인의 노력으로 바꿀 수 없는 타고난 조건에 대한 차별이 크다면 개인은 좌절과 무기력, 우울을 느낄 수밖에 없다. 소득 계층이나 고용 형태 등으로 구분된 집단들 간의 격차 확대 역시 개인들에게 아무리 노력해도 성공할 수 없다는 패배감을 안겨준다.

더욱 안타까운 것은 경쟁적인 환경에서 높은 스트레스를 견디며 살고 있는 우리나라 사람들이 자신의 정신적인 고통을 밖으로 드러내 이야기하는 것에 서툴다는 점이다. 고통을 잘 감내할 줄 알아야 성숙한 인격이라고 인정해주는 문화가 사회적 편견으로 자리 잡고 있어서 우울하고 답답해도 밖으로 표현하지 않는다. 그러다 보니 한국에만 존재하는 특유의 정신의학적 증후군인 '화병'을 가진 사람들이 부지기수다.

개인과 사회의 정신 건강은 따로 뗄 수 없는 관계임에도 우리 사회는 지금까지 다양한 형태로 드러나는 마음의 고통을 개인이 스스로 극복해야 할 문제로만 여겨왔다.

마음이 아픈 건 혼자 해결해야 할 문제?

—

사회가 개인의 정신건강에 얼마나 영향을 미치는지를 확인할 수 있는 두 가지 상반된 사례가 있다. 흔히 우리는 한 사회의 경제 상황이 나빠지면 구성원의 정신건강도 덩달아 나빠질 거라고 예상한다. 실제로 우리나라는 이 예상에 부합한다. 한국은 1997년 IMF 외환위기를 기점으로 실업률이 두 배 이상 폭등하면서 자살률 역시 급격히 증가했다. 실업률이 올라갈수록 비극적인 선택을 하는 사람이 많아졌다. 사람들은 직장이 있어도 언제 해고될지 모른다는 불안감에 빠졌고, 살아남기 위한 무한경쟁에 시달렸다.

그런데 스웨덴은 우리와 비슷한 상황에서 다른 결과를 만들어냈다. 1991년 경제위기를 겪은 스웨덴은 당시 노동자의 10퍼센트가 일자리를 잃었다. 하지만 자살률은 경제 상황과 상관없이 오히려 꾸준히 줄어들었다. 이는 스웨덴 정부가 실직자들이 좌절하거나 사회로부터 버림받았다고 느끼지 않도록, 좋은 일터로 복귀하는 것을 적극적으로 도왔기 때문이다. 그동안 모든 책임을 개인이 짊어지는 것이 당연하다고 여겨온 우리와 달리, 사회 안전망이 잘 작동하는 곳에서는 경제위기가 반드시 비극적인 결말로 끝나지 않았다.

개인의 실패를 개인의 탓으로 돌리지 않고, 딛고 일어설 수 있는 여건을 사회가 만들어내는 것은 이처럼 아주 중요하다. 반면에 아무리 열심히 노력하는 개인이라도 노력의 결과를 제대로 볼 수 없는 사회

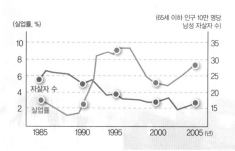

한국은 실업률이 올라갈수록 자살률이 급증했던 반면, 사회 안전망이 잘 작동하는 스웨덴은 경제 상황과 상관없이 자살률이 꾸준히 줄어들었다.

에서 살아간다면 얼마든지 무기력하게 주저앉을 수 있다. 사회의 분위기와 시스템이 개인에게 어떤 영향을 미치는지 보여주는 흥미로운 실험이 하나 있다.

과학자들이 우리 안에 다섯 마리의 원숭이를 넣고, 중앙에 바나나를 얹은 사다리를 놓았다. 그리고 원숭이 한 마리가 바나나를 먹으려고 사다리를 올라갈 때마다 사다리 밑의 나머지 원숭이들에게 찬물을 끼얹었다. 시간이 지나자 사다리를 올라가려는 원숭이가 있으면 나머지 원숭이들이 말리기 시작했다. 그러다 나중에는 어떤 원숭이도 바나나를 얻기 위해 사다리를 오르려고 하지 않았다. 며칠 후, 과학자들은 우리 안의 원숭이 한 마리를 빼고 새로운 원숭이 한 마리를 집어넣었다. 당연히 그 원숭이는 바나나를 먹기 위해 사다리를 오르려 했고, 다른 원숭이들이 이 원숭이를 말렸다. 같은 상황이 몇 번 반복되자 새로운 원숭이는 영문도 모른 채 사다리를 오르면 안 된다는 것을 배웠다. 그렇게 다섯 마리의 원숭이가 모두 교체되었지만, 어떤 원숭이도 사다리에 올라가려 하지 않았다.

실험 속 원숭이와 같이 반복된 좌절 끝에 아무런 대응도 하지 않게 되는 상태를 '학습된 무기력'이라고 한다. 불행하게도 우리 사회 구성원들은 한국전쟁, IMF 외환위기, 세월호 침몰사고 등으로 거대한 심리적 상처를 많이 받아왔다. 특히 2014년의 세월호 사고는 온 국민을 '외상 후 스트레스 장애'에 빠뜨릴 만큼 충격적인 사건이었다. 많은 사람들이 자신을 방관자로 인식해 죄책감에 시달렸고, 한편으로는 누구도 내 안위를 돌봐주지 않을 것이라는 불안감에 빠졌다. 이 고통은 여전히 치유되지 못한 채 남아 있다.

지금 한국인들은 우리 안의 원숭이들처럼 학습된 무기력 상태에 빠져 있는지도 모른다. 우리를 보호해줄 안전한 울타리가 붕괴되어가는 것이 이 사회의 현주소라면 이제 국민들이 받은 마음의 상처, 우울과 불안, 각종 정신질환으로부터 모두를 구할 방법을 함께 적극적으로 찾아야 한다. '사회적 치유'가 필요한 상황이다.

'F코드'에 대한 공포에 사로잡힌 사회

—

과도한 긴장과 경쟁에 사로잡힌 한국 사회는 '터지기 직전의 압력

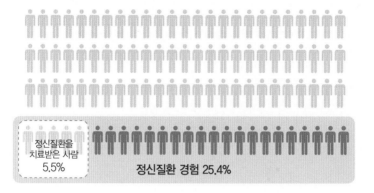

우리나라 성인 인구 100명 중 25명은 정신질환을 경험하지만, 그중 전문가에게 치료받는 사람은 다섯 명에 불과하다.

솥'과 비슷하다. 우리나라 성인 인구 네 명 중 한 명은 평생 한 가지 이상의 정신질환을 경험하는 것으로 조사되었다. 그러나 그 가운데 정신과 의사를 비롯한 전문가에게 치료를 받은 비율은 22.2퍼센트에 불과하다. 이는 정신건강 선진국이라 불리는 캐나다, 미국, 호주의 절반 수준이다. 그 이유는 이른바 'F코드'에 대한 공포 때문이다. 여기서 F는 세계보건기구(WHO)가 정한 국제질병분류에서 정신질환 앞에 붙는 알파벳이다. 우울증은 F32, 공황장애는 F41처럼 질환의 분류를 위해 사용하는 코드다.

몇 년 전 온라인상에서 자신의 진료기록에 남아 있는 F코드 때문에 대기업 입사에 실패했다는 이야기가 퍼졌을 때 많은 사람들이 이 소문을 믿었다. 하지만 기업은 개인의 의료기록을 볼 수 있는 권한이 없기에 이 이야기는 사실이 아니다. 자신의 정신질환이 밝혀질 경우 혹시 사회에서 불이익을 받지 않을까 두려워하는 사람들이 만들어낸 가짜 뉴스였다. F코드를 남기지 않으려고 치료비가 세 배는 더 나오는데도 건강보험 적용을 받지 않으려는 사람도 있다. 더 나아가 타인의 시선을 의식해 아예 병원 문턱을 넘지 못하는 사람도 많다. 정신적인 문제가 드러난 사람에게 '멘탈이 약해서 그렇다'며 개인의 문제로 치부해버리고, 성공뿐 아니라 마음의 회복까지도 '자기 하기 나름'이라며 외면하는 사회에서 마음이 아픈 사람들이 느끼는 절망은 눈덩이처럼 커져간다.

특별한 동기 없이 불특정 다수를 상대로 벌이는 잔혹한 범죄가 발생할 때마다 언론이 그 원인을 조현병과 같은 정신질환 탓으로 돌려온 것도 정신질환 치료를 받지 못하게 하는 한 가지 요인이다. 그러나 한국형사정책연구원의 연구 결과에 따르면 '묻지 마 범죄'의 가장 큰 원인은 사회에서의 낙오였다. 범죄자들은 대부분 안정적인 직장이 없거나 가족과 동료, 이웃으로부터 사회적 지지를 받지 못하고 고립된 사람들이었는데, 사회를 향한 증오와 분노가 있어도 실체가 분명하지 않은 사회에는 표출할 방법이 없다 보니, 자신과 아무런 관계도 없는 사람들에게 극단적인 범죄를 저지르는 방법으로 증오와 분노를 표출한 것이다.

그런데도 우리 사회는 이해할 수 없는 잔혹한 범죄가 발생할 때마다

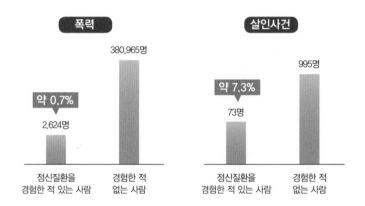

'묻지 마 범죄'가 발생하면 많은 언론이 이를 정신질환 탓으로 돌리지만, 실제 폭력이나 살인사건 대다수는
정신질환을 경험한 적 없는 사람이 저지른다. (출처: 경찰청, 2016)

그것을 범죄자 개인의 탓으로 돌려왔다. 정신질환을 경험한 적 있는
사람을 '예비 범죄자'로 규정해놓고 함께 섞이기를 두려워한다. 그러
나 실제 데이터는 이런 편견과는 다른 현실을 보여준다. 폭력사건의
경우 정신질환을 경험한 사람이 저지른 범죄는 그렇지 않은 사람의
0.7퍼센트에 불과하다. 살인의 경우도 7.3퍼센트에 불과하다. 실제로
는 정신질환자들의 범죄율이 비교할 수 없이 더 낮은데도 이들이 범
죄를 저지를 위험이 높다고 경계하면서 이들을 제외한 나머지 사람
과 사회는 멀쩡하다는 왜곡된 안도감을 느끼고 있는 것이 우리 사회
의 민낯이다.

공감이 가진 큰 힘을 알아챈 호주

2006년 웨스턴오스트레일리아주의 주지사였던 제프 갤럽은 자신이 우울증에 걸렸다는 사실을 고백하고 치료를 위해 스스로 주지사직에서 물러났다. 1983년 시의원으로 정치생활을 시작한 그가 2001년 주지사로 당선된 후 스타 정치인으로 성공가도를 달리던 때였다. 호주 국민들은 큰 충격에 빠졌지만, 그에게 용기 있는 선택이라는 찬사를 보냈다. 그와 절친한 사이였던 토니 블레어 영국 전 총리 역시 그의 결단에 경의를 표했다. 갤럽 전 주지사는 어떻게 이런 용감한 선택을 할 수 있었을까?

"청소년기부터 정신건강에 문제가 있었어요. 늘 걱정이 많았는데, 한 번씩 불안을 감당하기 힘들 정도가 되곤 했어요. 주지사로 재직할 때는 큰 부담감 때문에 상태가 더 나빠져서 점점 견디기가 힘들어졌죠. 주지사에서 물러난 뒤로 제 발목을 잡던 병으로부터 자유로워지고 있어요. 가끔씩 길을 걸어갈 때 '감사합니다. 저는 심각한 정신질환을 가지고 있는데 당신의 고백을 듣고 사람들에게 제 병을 드러낼 수 있게 되었어요'라고 말하는 사람들을 만나요. 우울이나 불안의 가장 큰 문제는 사람들이 직면하지 않는다는 거예요. 하지만 억누르고 부정할수록 더 힘들어질 뿐이에요. 그러니 마음을 열고 자신의 감정에 대해 이야기하며 도움을 받는 게 회복을 위한 첫 단계라고 할 수 있어요."

제프 갤럽 전 주지사는 현재 정부에 국민건강 증진을 위한 자문을 하는 등 새로운 활동을 이어가고 있다. 그의 용감한 고백은 호주 사회에 큰 반향을 불러왔다. 호주는 불과 20년 전까지만 해도 정신질환에 대한 낙인이 심한 곳이었다. 그러나 이 사건을 계기로 정신질환에 대한 사회적 관심과 지원, 인식의 변화가 일어나기 시작했다. 우울증을 앓는 의원이 많고 자살을 기도하는 사례까지 있었던 호주 정계는 물론이고, 여섯 명 중 한 명이 우울증을 앓았던 호주 국민들 역시 정신건강에 대한 관심이 높아졌다. 정신질환에 대한 편견이 매우 낮아졌으며, 정신건강에 대한 공론화가 정책으로 이어졌다.

사회 전반적으로 정신건강에 대한 투자가 매우 활발하게 이루어지는 호주는 이제 정신건강 선진국으로 인정받고 있다. 호주는 다른 선진국들에 비해 늦은 1992년에 정신건강 프로그램을 시작했지만, 프로그램을 효과적으로 운영해 청소년 자살률을 절반으로 줄였다. 또 정신과의 모든 입원 병상을 개방식으로 운영하고 조기 정신증 예방센터도 만들었다.

호주 안에서도 가장 진보적인 정신건강 정책을 펼치고 있는 곳은 빅토리아주다. 빅토리아주 가운데서도 가장 혁신적인 정신보건 서비스를 받을 수 있는 멜버른에는 '정신건강 응급처치 센터'가 있다. 이곳에서는 2000년부터 정신건강에 '응급처치'라는 개념을 도입해 지역주민에게 교육하고 있다. 신체적 응급처치가 필요한 상황에 놓인 사람들만큼이나 공황장애나 약물중독 등으로 자살하고 싶은 충동을 느끼는 사람들이 많다고 본 것이다. 정신건강 응급처치 훈련에서는 가족이나 친구, 이웃에게 우울, 불안, 약물남용 같은 정신적 문제가 생겼을 경우 초기에 대응하는 법을 가르친다. 응급처치 훈련을 받은 사람들은 위기 상황에 놓인 이들에게 다가가 이야기를 들어주고, 그를 비판하거나 평가하지 않으며, 전문가의 도움을 받거나 필요한 치료를 받도록 조언한다. 멜버른대학 재학생의 40퍼센트가 정신건강 응급처치 훈련을 받았으며, 정신건강 응급처치 교육은 호주 전역으로 퍼져 현재 호주 인구의 2퍼센트인 50만 명이 교육을 수료했다. 이 프로그램은 전 세계 25개국으로 전파되었다.

멜버른의 비영리 정신건강 지원단체인 '웰웨이즈' 역시 지역주민이 지역주민을 돌보는 시스템으로 운영되고 있는 곳이다. 1978년 조현병 환자와 그 가족의 복지 증진을 위해 가족과 지역사회 구성원들이 설립한 웰웨이즈는, 정신건강 문제를 직접 겪었거나 정신질환이 있는 가족을 보살펴본 사람들을 직원으로 두고 있다. 이러한 '동료지원자'들이 웰웨이즈의 전체 직원 1000여 명 중 약 150명에 달한다. 동료지원자들은 정신적 어려움에 처한 사람들의 이야기를 들어주고, 정신질환에 대한 정보를 제공하는 '헬프라인' 서비스 등의 일을 한다.

웰웨이즈에서 정신질환을 앓는 사람들을 돕고 있는 폴라 씨도 동료지원자. 30여 년 전 부동산 중개 일을 하며 홀로 세 아이를 키우던 그에게 조울증이 찾아왔다.

"31세 때 조울증 진단을 받았고 45세까지 힘들었어요. 하지만 주변에 알리면 아이를 키울 자격이 없다고 생각할까 봐 제 병을 말 못 하고 지냈어요. 그러다 어느 날 구급차에 실려 병원에 가면서 처음으로 정신건강 서비스를 이용했어요. 덕분에 지금은 많이 회복했습니다. 완치된 건 아니지만 웰웨이즈에서 즐겁게 일하면서 자신감도 생기고 친구도 얻었어요. 이곳에서 제가 겪은 과정이나 어려움을 돌아보면서 막막한 벽 앞에 놓인 사람들을 돕고 있어요. 그들은 자신의 말을 들어주는 사람이 필요해요. 단지 앉아서 들어만 주면 되죠. 경험을 나누고 관계를 맺으며 도움을 주는 건 큰 효과가 있어요. 전문가보다 정신질환 경험을 가진 동료가 오히려 실질적인 변화와 치유를 도울 수 있거든요."

호주는 정신건강에 대한 짐을 지역사회가 함께 나눠 부담하면서 사회 전체가 심리적으로 안정되어가고 있다. 호주의 사례는 정신질환을 예방하거나 회복하려면 사회 전체가 건강한 공동체를 형성해야 한다는 것을 보여준다. 가족, 동료, 이웃들과 서로 배려하는 사회를 만들어나가는 것이 가장 효과적인 정신질환 치료제인 셈이다. 최근 우리 사회에서도 이런 노력들이 시작되고 있다.

모든 인간은 개별적인 동시에 치유적인 존재

—

정신건강 문제를 숨기기에 급급했던 우리 사회에도 조금씩 변화가 생겨나고 있다. 최근 몇 년 사이 방송에서도 연예인들이 공황장애나 우울증을 겪고 있다고 공개적으로 이야기하기 시작했다.

방송뿐 아니라 SNS나 인터넷 방송에서도 관련 콘텐츠가 눈에 띄게 늘고 있다. 다섯 명의 정신과 의사들이 진행하는 한 팟캐스트는 청취자들의 눈높이에 맞춘 정신건강 상담으로 큰 호응을 얻고 있다. '뇌부자들'이라는 이 팟캐스트에서 의사들은 정신과에 대한 편견을 깨는 정보를 제공하고, 청취자들의 고민을 이해하기 쉽게 진단해준다. 정신과를 멀게 생각했던 사람들도 방송에서 자신과 비슷한 고민을 안고 사는 사람들의 사례를 들으며 위로받고, 자신을 더 잘 이해하게 되었다고 말한다. '뇌부자들'을 진행하는 의사들은 팟캐스트를 시작한 이유에 대해 이렇게 말한다. "정신과에 찾아와서 진료를 받는 분들은 일종의 사회적 장벽을 이미 한 단계 깨부순 분들이에요. 그동안은 이분들에게만 집중했는데, 아직 장벽을 깨지 못한 분들에게도 편견을 이길수 있는 용기를 드려야겠다고 생각했어요." 이들은 정신과 진료를 일상으로 가져오기 위한 노력을 계속해나가고 있다.

구독자가 11만 명이 넘을 정도로 유명 유튜버인 이모르 씨도 자신의 정신적 어려움을 솔직하게 고백한 콘텐츠로 큰 공감을 얻었다. 자신의 이야기를 솔직하고 덤덤하게 꺼내놓기까지 힘든 시간을 보낸 그는 정신적 아픔이 혼자, 속으로 삭여서 해결할 수 있는 게 아니라고 이야기한다.

"저는 경계성 인격장애로 10여 년간 정신과 통원치료를 받고 있고, 현재도 꾸준히 항우울제를 복용하고 있어요. 그렇지만 지금은 많이 괜찮아졌어요. 저의 정서적인 부분을 남들에게 드러내며 지내게 됐거든

146

요. 예전에는 화를 표출하고 싶은데 못 하는 상황이 되면 자해를 하기도 했어요. 이러다가 '내가 죽겠구나' 싶을 정도였죠. 부정적인 감정들을 혼자 안고 있으려니 미쳐버릴 것 같았어요. 즐거운 감정, 행복한 감정은 다른 사람들에게 자랑스럽게 이야기하고 공유하잖아요. 그것처럼 우울한 감정도 어디 가서 쉽게 이야기할 수 있는 분위기가 형성된다면 괴로워하거나 죽는 사람들이 많이 사라지지 않을까요?"

전문가가 아닌 시민들이 주축이 된 치유 프로그램도 있다. 서울시가 2013년 자살예방사업으로 시작해 정신건강 증진 공공 서비스의 새로운 모델로 구축하고 있는 '누구에게나 엄마가 필요하다 – 맘 프로젝트(Mom-Project)'가 그것이다. 맘 프로젝트는 치유받은 시민이 또 다른 시민을 치유하는 '치유 릴레이' 프로그램이며, 모든 인간이 개별적 존재인 동시에 치유적 존재라는 대전제에서 출발한다. 엄마가 있는 그대로의 나를 안아줄 때 힘을 얻었던 것처럼, 서로가 서로의 엄마가 되어 조건 없이 이해하고 위로함으로써 사람들이 저마다의 개별성을 찾아 당당하고 건강하게 세상에 설 수 있도록 하는 작업이다.

프로그램은 밥을 먹는 것에서 시작한다. 참여자들을 위한 밥상은 한 사람을 위한 개별 밥상으로 준비되는데, 자신만을 위한 밥상을 받는 것만으로도 치유가 될 수 있어 '치유밥상'이라 불린다. 치유밥상은 참가자들의 자존감을 높이고 마음을 부드럽게 해서 아픈 마음을 쉽게 풀어낼 수 있게 도와준다. 한 참가자는 오롯이 자신만을 위한 밥상을 받으며 그동안 자신의 욕망은 배제한 채 살아왔다는 것을 깨달았다.

"저는 고춧가루로 무친 콩나물을 좋아하는데 남편이 좋아하지 않아 한 번도 해 먹은 적이 없었어요. 오늘 그걸 먹으면서 내가 얼마나 이걸 먹고 싶었는지 깨달았어요."

상대방의 이야기를 들을 때는 충고나 평가를 하지 않는 것이 이 프로그램의 원칙이다. 2013년부터 5년 동안 2300여 명의 참여자가 자신의 속마음을 들여다보며 위로받았다. 경력단절 여성, 홀몸 어르신, 성소수자, 비정규직 근로자 등을 비롯해 공감과 위로가 필요한 서울 시민 누구나 참여할 수 있다.

공동체가 품어주면 된다

―

우리나라가 고도의 산업화를 이루기 전, 정신질환을 앓던 사람들은 어떤 대우를 받았을까? 지금보다 더 고통받았을 거라고 생각한다면 착각이다. 영화 〈웰컴 투 동막골〉에서 머리에 꽃을 꽂고 나온 여일이라는 인물처럼, 정신질환을 앓는 사람은 과거 어느 마을에나 흔히 있었다. 이들에게 튼튼한 울타리가 되어준 것은 공동체였다.

문제는 너무 빠른 속도로 경제성장이 이뤄지면서 시작되었다. 개인의 성공이 중요해지면서 주변에 대한 관심이 줄고 사회 공동체가 빠르게 허물어졌다. 그 결과 정신질환은 개인의 몫이 되었을 뿐 아니라 감춰지고 금기시되었다. 정신적인 어려움을 겪는 사람들을 공동체가 품

148

는 사회로 다시 돌아가기 위해서는 사람에 집중해야 한다.

적포도주를 만드는 포도 품종 중에 '피노 누아'라는 것이 있다. 이 포도는 다른 품종과 달리 사람의 꾸준한 보살핌과 관심이 없으면 잘 자라지 않는다. 어쩌면 우리 모두는 피노 누아와 닮아 있는지도 모른다. 안정적인 관계를 맺으며 지속적인 관심을 받아야만 행복하게 살아갈 수 있는 존재들인 것이다. 그동안 우리 사회는 모든 문제를 개인이 해결해야 할 몫으로 돌리는, 매우 고독한 형태로 발전해왔다. 하지만 이제는 정신적 고통에 빠진 타인의 모습을 보면서 같은 사회에 사는 나에게도 똑같은 아픔이 찾아올 수 있다는 사실을 받아들여야 한다. 더나아가 자신의 문제를 감추고 숨길 것이 아니라 남들 앞에 당당히 드러내야 한다. 그리고 서로를 보듬어주어야 한다. 이런 변화를 통해 사회적 치유가 이뤄지고 우리 사회가 더욱 건강해질 것이다. F코드는 더이상 감추어야 할 주홍글씨가 아니다.

왜 우리는
아프다고 말하지 못하나

이인건 PD

특별할 것 없는 날, 특별할 것 없는 어느 술자리에서 특별한 이야기를 그리 특별하지 않게 나누었던 적이 있다. "내 어머니는 우울증 치료를 받았어." "내 여자 친구는 가끔 자해를 해." "내 사촌 동생은 조현병에 걸려서 자살했어." 그리고 "나는 지금 불안하고 답답해 미칠 것 같아." 그런데 "너는?"이란 질문에 나는 "나는 잘 모르겠는데……. 주변에 많이들 그러니?"라는 대답을 했고 친구들에게 "뭐래. 주변에 관심 좀 가지고 살아"라는 핀잔을 들었다.

사실 내가 요즘 그랬다. 사춘기가 또다시 찾아온 것일까. 세상은 이해가지 않는 모순덩어리이자 불합리와 부조리의 숙주로 보였다. 분노는 연일 상승했지만 이상하게도 화를 내지는 못했다. 왜 화가 나는지, 어디에 화를 내야 할지 몰랐다. 좋은 남편, 좋은 아들, 좋은 동료, 좋은 PD가 되어야 했기에 화는 출구에서 길을 잃었고 이디론가 소리 없이 사라졌다. 이제 나는 응석을 부릴 곳이 없었다. 벼랑 끝에 선 느낌이었다. 함부로 '미친 짓'을 할 수 없었다. 벼랑 끝에서 떨어지기엔 벼랑이 너무 높아 보였다.

만약 이 이야기가 자신의 이야기와 비슷하다고 생각한다면 '삶은 원래 그런 것'이라는 답변을 들었을 것이다. 혹은 주변에서 이런 이야기를 한다면 당신이 '그래도 인생은 그런 것'이라는 답변을 했을 것이다. 〈명견만리〉 'F코드의 역설 – 한국 사회와 정신건강' 편은 이러한 답변에 대한 의문에서 시작됐다. 개개인의 인생은 모두 다른데, 왜 답은 '인생은 원래 그런 것'이라는 말로 '퉁'쳐지는가. 우리는 아픔을 견뎌야만 하는 변태들인가. 타인의 아픔을 무감각하게 봐야만 하는 어떤 이유라도 있는 것인가. 도대체 왜 우리는 아프다고 말도 못 하는 것인가.

프로그램을 제작하면서 크게 두 부류의 사람들을 만났다. 무척 아파 보이지만 아프지 않다고 말하는 사람. 그리고 그 아픔을 들여다본 사람이다. 전자는 보통 활기찼다. 진행형인 아픔을 과거의 어느 시점으로 보내버리는가 하면 애써 긍정적으로 보이길 원했다. 후자는 수줍어했다. 마치 하지 못할 이야기를 꺼내놓듯 조심스러워했고 본인의 감정을 서술하길 주저했다. 그렇게 제작진과의 만남을 이어가던 사람들은 시간이 지나고 서로가 조금 편해지자 이전과는 조금씩 다른 태도를 보였다. 어느 날부턴가 전자는 침묵을, 후자는 솔직함을 택했다. 전자의 사람들은 내면을 마주할 용기가 없었다. 그래서 주변의 시선과 관점으로 자신을 바라봤다. 세뇌된 단어, 강요받은 역할이 자아를 침식해 주위를 돌아보지 못하게 했다. 반면 후자의 사람들은 나의 아픔이 나에게 어떤 의미인지, 나의 아픔이 너의 아픔과 같진 않은지 들여다보기 시작했고, 미세하게 떨리는 입술과 그렁그렁한 눈으로 조금씩 속을 보여줬다. 나는 후자의 사람들을 보며 일종의 숭고함을 느꼈다. 아픔을 아프다고 말하며 상처를 용기 있게 직면할 때 치유의 시간은 시작된다. 그랬다. 삶은 결코 '원래 그런 것'이 아니었다.

그동안 우리 민족이 겪은 격동의 시간들은 날카로운 창이 되어 마음속에 상처로 자리 잡았다. 한국전쟁, 경제성장기, IMF 사태, 양극화 그리고 세월호 사건. 상처가 미처 치유되기 전에 또 다른 상처가 다가오면서 상처투성이의 마음들이 우리 사회를 지배하고 있다. 자살률 1위에 사회통합지수는 최악을 달리며 너도 나도 '헬조선'을 외치지만, 여전히 좋은 대학에 가서 좋은 직장을 얻고 좋은 아파트에 살기 위해 모두가 한 방향으로 달린다. 그 길에는 별다른 탈출구가 보이지 않는다. 마땅히 탈출할 구실도 용기도 없이 사회에 종속되면서 우리의 정신은 우리를 놓아버렸다. 모두가 아파하면서도 지금까지 외면해온 이야기다.

프로그램을 제작하는 내내 가장 고민스러웠던 점은 '나의 정신적 아픔'과 '사회적 현상'을 연결 짓는 작업이었다. 과학적이면서도 논증적인 방식으로 사회가 개인의 정신건강에 미치는 영향을 증명해내야 했는데 이는 프로그램을 관통하는 주요 논거였다. 말로써 설명하기는 쉬웠다. 그러나 '정신'과 '사회'는 보이지 않는 무형의 존재이기에 이를 보이는 결과물로 만드는 작업은 쉽지 않았다. 결국 외국인의 증언이나 정신적 아픔을 경험한 사람들의 이야기를 통해 단면적인 부분만 표현할 수밖에 없었다. 모두가 느끼면서도 외면하고 있는 현대사회의 병리적 현상들을 말하고 싶었지만 그 깊고 깊은 본질에 도달하지는 못했다. 매우 아쉬운 일이다.

방송 후 많은 사람들에게 연락을 받았다. 대부분 조금 더 용기를 낼 힘을 얻었다는 말을 했다. 정말 감사한 일이다. 내가 이모르 씨에게서, 제프 갤럽 전 주지사에게서, '맘 프로젝트' 참가자들에게서 보았던 숭고함을 그들도 보았길 바란다. 그뿐 아니라 우리 주변에서도 이러한 숭고함을 찾아 느껴보길 바란다. 우리는 아파하는 사람들을 어떤 시각으로 보고 있는가. 나는 그들을 위해 무엇을 하고 있는가. 내 어머니가 우울증에 걸리고 내 여자 친구가 자해를 하며 나도 지금 미칠 것만 같은데, 나는 지금 어떻게 살아가고 있는가. 과연 삶은 그런 것인가, 아니면 결코 그런 것이 아닌가.

明見萬里

6장

연결,
외로움을 푸는 열쇠
—
외로움은 왜 사회적 문제인가

明見萬里

영국 정부는 2018년 세계 최초로 '외로움부 장관'을 임명했다.

개인의 감정인 외로움을 사회적 질병으로 보고

국가가 나서서 해결하겠다는 것이다.

사람과 사람을, 공간과 공간을 연결하려는 세계 각국의 움직임.

우리도 더 늦기 전에 외로움을 해결할 수 있는 키워드,

'연결'에 대한 논의를 시작해야 한다.

연결,
외로움을 푸는 열쇠

외로움은 왜 사회적 문제인가

영국 정부가 외로움부 장관을 임명한 이유

—

"외로움부 장관(Minister for Loneliness)으로 트레이시 크라우치를 임명합니다. 그녀는 영국 정부가 주요 의제로 삼은 '외로움' 문제를 적극적으로 해결해나갈 것입니다."

2018년 1월, 영국 총리 테레사 메이는 세계 최초로 '외로움부 장관'을 임명했다. 외로움을 사회적 질병으로 보고 국가가 나서서 해결하겠다는 의지의 표명이었다. 그동안 외로움은 개인의 감정 문제로만 치부되었으나, 이제 공동체가 함께 나서서 해결해야 할 사회적 문제로 떠오른 것이다. 영국인들의 이런 인식변화는 한 여성 국회의원의 열정

영국은 2018년 세계 최초로 '외로움부 장관'(왼쪽)을 임명했다. 이는 외로움이 사회적 문제임을 알린 조 콕스 의원(오른쪽)의 노력 덕분이었다.

에서 비롯되었다.

웨스트요크셔주 배틀리 지역구 하원의원이던 조 콕스는 영국인들의 외로움을 사회의 힘으로 함께 극복하고자 힘썼다. 그녀는 지역 공동체의 소외계층을 보살피면서 외로움을 개인이 아닌 사회적 문제로 부각시키고자 했다.

그녀는 왜 그토록 외로움에 초점을 맞추었을까? 그녀는 하원의원으로 일하며, 사회적으로 고립되고 가족과 친구 없이 혼자 사는 사람들을 많이 만났다. 노인만이 아니라 다양한 연령대의 사람들이 다양한 이유로 외로움을 겪고 있었다. 그녀는 외로움 문제에 대해 "우리 모두에게 책임이 있다"며, '외로움 협회'를 세우고 모든 정당과 정부 차원의 노력을 이끌어내기 위해 노력했다.

그러나 그녀는 영국의 유럽연합 탈퇴 여부가 세계적인 이슈로 떠올랐던 2016년 6월, 브렉시트 국민투표 독려 캠페인에 참석했다가 극우

성향 남성의 테러에 살해당했다.

이후 정치권에서는 외로움 문제를 해결하기 위해 노력한 조 콕스 의원의 뜻을 살리고자 초당적인 움직임을 보였다. 외로움에 적극적으로 대처하기 위해 '조 콕스 외로움 위원회'를 결성하고, 2017년 12월에는 외로움이 영국 사회에 미치는 영향에 대한 보고서를 발표했다. 외로움 위원회는 영국 사회에서 "외로움이 개인적 불행에서 사회적 전염병으로 확산되었다"고 진단했다. 보고서는 영국인 900만 명이 심각한 외로움 속에 있으며, 이는 담배보다 더 건강에 치명적이라는 연구 결과를 함께 내놓았다.

보고서에 따르면, 17~25세 영국인의 43퍼센트가 외로움을 느끼고 있으며, 75세 이상의 영국인 중 30퍼센트는 외로운 감정을 통제할 수 없다고 답했다. 외로움이 우울증으로까지 이어지는 것이다. 그렇다면 외로움을 주변과 공유하고는 있을까? 열 명 중 한 명 이상이 외로움을 누구와도 공유하지 않았다. 보고서는 이런 외로움이라는 사회적 전염병이 영국 경제에 매년 360억 파운드(약 46조 원)가 넘는 피해를 주고 있다고 밝혔다. 영국 사회가 더 이상 외로움을 개인의 문제가 아닌 사회적 문제라고 인식을 바꾼 이유다. 이후 영국에서는 누군가가 고립된 삶을 살지 않도록 다양한 움직임이 범사회적으로 일어나고 있다.

그렇다면 대한민국 사회는 외로움에 대해 어떻게 인식하고 있을까. 만 19세 이상 한국인 1000명을 대상으로, 외로움을 해소하기 위해 영국처럼 우리 정부도 나서야 할지에 대해 조사했다. '필요하다'라고 응답한 사람은 40퍼센트, '아니다'라는 의견은 46퍼센트였다. 아직 우리 사회는 외로움을 개인의 문제라고 생각하는 경향이 다소 높았다. 몸이 아프면 병원에 가는 것을 당연하게 여기지만, 마음이 아프면 '스스로 극복할 수 있는데 정신력이 약해서'라며 자신을 탓한다. 그러다 보니 외로움은 치유받지 못한 채 점점 악화되어간다. 정말로 외로움은 혼자서 해결할 수 있는 개인의 감정 문제일 뿐일까.

무연사회에서 늘어나는 고독사

—

심각한 외로움을 느끼거나 곤란한 상황에 처했을 때 도움을 청할 가족이나 친구의 존재는 중요하다. OECD 회원국들을 대상으로 '곤란한 상황에서 도움을 청할 가족이나 친구가 있는가'에 대해 조사했더니 노르웨이, 독일, 스페인, 브라질은 응답자 중 90퍼센트 이상이 도움을 청할 친구가 있다고 답했다. OECD 평균은 88.6퍼센트였다. 대한민국은 75.9퍼센트로, OECD 회원국 중 꼴찌였다. 오랜 분쟁으로 고통받고 있는 이스라엘 사람들보다 우리나라 사람들이 도움 청할 곳이 없었다.

이 조사 결과를 입증이라도 하듯 우리나라의 무연고 사망자 수가 빠른 속도로 증가하고 있다. 2013년 1200여 명에서 4년 사이 무려 57퍼센트나 증가해 2017년에는 2000명을 넘어섰다. 눈을 감는 그 순간까

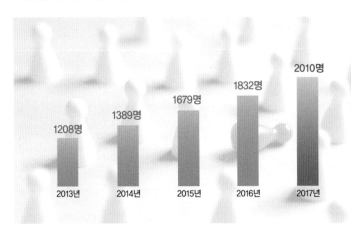

한국에서 혼자 외로운 죽음을 맞는 무연고 사망자 수는 2013년부터 4년 사이에 무려 57퍼센트나 증가했다. (출처: 보건복지부)

지도 혼자 외로운 죽음을 맞은 사람들이다.

무연고자들은 자기 집에서, 고시원에서, 혹은 거리에서 지켜보는 이하나 없이 숨을 거둔다. 대부분은 시신을 수습하고 장례를 치를 사람이 없어, 한 달 만에 장례가 치러지기도 한다. 가족과 지인이 함께하는 경우는 거의 없다. 무연고자 장례를 지원하는 단체 '나눔과 나눔'에서 2017년에 치른 무연고자 장례는 280여 건으로 해마다 늘어나고 있다. 고인의 외로운 마지막 길을 지켜보는 사람들은 죽음에 대해서 많은 생각을 하게 된다고 한다. 경기도의 어느 화장터에서 무연고자의 장례식을 도운 한 자원봉사자는 이렇게 말했다.

"한때는 누군가에게 사랑받는 사람이었고, 그 사람이 태어났을 때

무연고 사망자가 매년 늘어나고 있으며, 사회적으로 왕성하게 활동할 나이인 50~60대가 무연고 사망자의 절반을 차지한다. 65세 이상의 무연고 사망자는 급증하는 추세다. (자료: 보건복지부)

누군가에게는 큰 기쁨이었을 텐데, 어떤 이유로 단절되고, 이렇게까지 내팽개쳐질 수 있나 하는 생각에 안타까워요. 제가 지금은 모르는 분을 배웅해드리는 일을 하지만, 이게 앞으로 제 일이 될 수도 있잖아요."

한국의 무연고 사망자 수를 살펴보면, 2017년 무연고 사망자 2010명 중 50~60대가 1029명으로 절반을 넘는다. 그중 남성 사망자 수가 907명이다. 왜 무연고 사망자 중 남성이 월등히 많을까. 가부장적인 사회에서 가족 구성원들과도 친밀한 관계를 맺지 못하고 사회적으로 도태된 남성이 결국 사회와 단절되는 경우가 많기 때문이다.

전문가들은 무연고 사망자와 1인 가구 비율이 밀접한 관계가 있다고 말한다. 가족과 함께 사는 사람에 비해 혼자 사는 사람은 사회적 관계가 줄어들면 누군가 그의 죽음을 알아차리기가 더 어렵기 때문이다. 문제는 이런 1인 가구 비율이 날로 늘어나고 있다는 것이다. 1985년 약 66만이었던 1인 가구 수는 2015년에는 520만 가구를 기록했다. 그 후로도 1인 가구 수는 계속 증가해 2045년에는 810만 가구에 달할 것으로 예상되고 있다. 60년 동안 1인 가구 수가 무려 열두 배나 증가하는 것이다. 결국 압도적으로 증가하는 1인 가구 비율과 함께 늘어나는 고독사에도 대비할 때가 된 것이다.

그런데 이런 외로운 죽음이 사회적 문제로 떠오른 것은 비단 우리나라만이 아니다. 일본에서는 '무연사회'라는 신조어가 등장했다. 무연사회란 사회로부터 고립돼 홀로 사는 세대가 늘어나고, 사람 간의 관계망이 점점 약해지는 사회를 일컫는 말이다. 2016년 기준 일본의 고독사는 1만 7000여 건으로 전체 사망자의 3.5퍼센트에 달한다. 일본은 이 비극적인 고독사를 막고자 주민뿐 아니라 신문배달업체, 가스검침원 등을 통해 홀로 사는 사람들의 근황을 살피고 있다.

중국도 일본과 상황이 다르지 않다. 2017년 12월 중국의 한 버스정류장에 전단이 붙었다. 흰 종이에 파란색 펜으로 꾹꾹 눌러쓴 이 전단은 여든다섯 살의 한쯔청 씨가 새 가족을 찾는 광고였다. 그는 아내를 먼저 떠나보내고 두 아들마저 연락이 닿지 않아 혼자 살고 있었다. 한쯔청 씨는 어느 날 문득 사무치는 외로움을 느꼈다고 한다. 혼자 외롭게 죽을지도 모른다는 두려움이 엄습하자, 늦은 나이에 새로운 가족을

중국에서는 한쯔청이라는 노인이 사무치는 외로움 끝에 버스정류장에 새 가족을 찾는 전단지를 붙였다. 이 사진이 SNS를 통해 공유되며 크게 화제가 되었지만, 그는 결국 혼자 쓸쓸히 숨을 거뒀다.

찾기로 한 것이다. 그의 전단은 SNS에서 크게 화제가 됐고, 인터넷방송에 소개되기도 했다. 그 후 그에게 친구가 되어주겠다는 연락이 쇄도했고, 실제로 전화를 주고받는 20세 친구도 생겼다.

잠시나마 새로운 가족을 만날 수 있을 거라는 희망에 부풀기도 했지만, 결국 그는 2018년 3월 혼자 쓸쓸히 숨을 거뒀다. 광고를 통해 알게된 친구에게 부재중 전화 한 통을 남긴 채였다. 외롭게 죽고 싶지 않아세상에 손을 내밀었지만, 결국 쓸쓸히 숨을 거둔 한쯔청 씨의 사연은중국 사회에 큰 숙제를 안겨줬다.

현대사회로부터 고립된 개인

지금 우리는 고독하고 외로운 시대를 살고 있다. 나홀로족이 늘어나

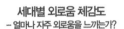

세대별 외로움 체감도
- 얼마나 자주 외로움을 느끼는가?

(출처: 한국리서치, 2018)

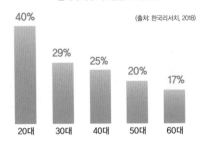

40% 20대
29% 30대
25% 40대
20% 50대
17% 60대

고독감을 느끼는 이유는?

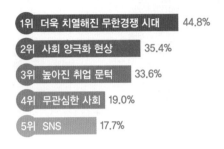

1위 더욱 치열해진 무한경쟁 시대 44.8%
2위 사회 양극화 현상 35.4%
3위 높아진 취업 문턱 33.6%
4위 무관심한 사회 19.0%
5위 SNS 17.7%

고, 사람과 사람 사이에서도 효율성을 따지는 지금의 한국 사회는 외로움이라는 전염병을 빠르게 퍼뜨리고 있다. 그리고 외로움은 연령대를 가리지 않고 찾아온다.

세대별로 느끼는 외로움을 조사한 결과, 예상외로 20~30대 청년들이 다른 세대에 비해 외로움을 가장 많이 느낀다고 답했다. 은퇴를 하고 사회적으로 고립에 빠지기 쉬운 50~60대보다도 훨씬 높은 수치가 나왔다. 사회활동이 가장 활발한 시기이자, 하고 싶은 것도 많고 만나고 싶은 사람도 많을 것 같은 20~30대 청년들이 왜 이렇게 외로움을 느낄까?

청년들이 고독감을 느끼는 이유를 조사한 결과, 가장 큰 이유로 꼽힌 것이 '더욱 치열해진 무한경쟁 시대'였다. 무한경쟁 사회는 청년들을 친구 등 가까운 관계로부터 고립시킨다. 친한 친구와 취업을 놓고 치열한 경쟁을 치르는 경쟁자가 될 수밖에 없는 현실은 친구에게 고민을 털어놓는 것조차 가로막는다. 고민을 털어놓으면 약점을 잡힐 수 있다는 불안감이 청년들을 더욱 외롭게 만들고 있다. 'N포 세대'라 불리는 우리 사회의 청년들은 무한경쟁에서 살아남기 위해 치열하게 미래를 준비하고, 친구들과 얼굴을 직접 맞대기보다 SNS로 소통한다. 그러다 보니 사회적, 정신적으로 고립된 삶을 살고 있는 것이 이 시대 청년들의 현주소다.

그렇다면 실질적으로 인간관계가 줄어들고 가족과도 소원해지는 50~60대는 어떨까? 여가시간을 친구와 얼마나 함께하는지를 살핀 통계청 조사 결과, 연령이 높아질수록 사람들과 어울리는 시간이 줄어들었다. 20대 응답자 중 반 이상은 친구와 함께 시간을 보냈지만, 30대부터 이 수치가 18.7퍼센트로 급격히 떨어져 40대에서 9퍼센트로 가장 낮은 비율을 보였다. 사회에서 부담이 가장 큰 세대이다 보니, 지인과 시간을 보낼 여유도 줄어드는 것이다.

특히 중장년층은 은퇴, 이혼, 또는 건강상의 문제로 삶의 변화를 경험하기도 한다. 퇴직할 때가 되면 직장 내 인간관계를, 직업적인 정체성을 잃게 된다. 이때는 자녀들이 독립하는 시기이기도 하다. 그러다 보니 사회적인 소외, 우울증을 겪기 쉽다. 이렇게 하나둘 사회적 연결망이 끊기다 보면 결국 개인은 고립되고, 사회적으로는 고독사가 증가하는 결과로 이어진다.

외로움을 단순히 개인의 감정 문제로 바라보기에는 외로움이 야기하는 사회적 문제가 점점 커지고 있다. 우리보다 앞서 외로움을 사회적 문제로 인식한 나라들에서는 이 문제를 어떻게 해결하고 있을까.

사람 사이에서 길을 찾은 영국

—

영국에서는 지역에서 여러 사람들이 함께 모여 목공작업을 하며 각자의 지식과 정보를 공유하는 '맨스 셰드(Men's shed)'라는 비영리조직이 큰 인기를 끌고 있다. 참가자들은 셰드(헛간)에서 손녀를 위해 인형의 집을 만들기도 하고, 지역사회를 위해 계단을, 모임을 위해 화분을 만들기도 한다. 어떤 사람은 그냥 이야기를 나누고 차를 마시다 가기도 한다. 맨스 셰드의 평균 참석자 수는 20~30명이다. 참가자들은 이곳에서 친구를 사귀고, 동료애를 느끼며, 작업을 통해 자기만족을 얻는다. 2013년 영국 30개 지역에서 시작한 맨스 셰드는 현재 500개로 늘어났다.

맨스 셰드는 호주에서 처음 시작되어 호주에서만 약 1000여 곳이 운영되고 있다. 2007년의 한 연구에 따르면, 대부분의 참가자들이 맨스 셰드를 통해 자신에 대한 긍정적인 이미지, 소속감, 지역사회에 기여할 수 있다는 기쁨, 자신이 즐기는 일을 한다는 만족감 등을 크게 느낀 것으로 나타났다. 또한 각각의 맨스 셰드가 1년에 세 명의 자살을 막을 만큼 자살 예방에도 도움이 되었다. 실제로 이곳에 오지 않았다면 자신이 무슨 일을 저질렀을지 모른다고 말하는 사람도 있다. 호주에서

맨스 셰드 참가자들은 이곳에서 함께 목공작업을 하며 친구를 사귀고, 동료애를 느끼며, 자기만족을 얻는다.

의 이러한 성공에 힘입어 영국, 미국, 캐나다, 핀란드, 뉴질랜드, 그리스에서도 맨스 셰드가 운영되고 있다.

맨스 셰드의 한 운영자는 맨스 셰드가 긍정적인 변화를 일으킨 사례 하나를 소개했다.

"건강이 그리 좋지 않은 80대 남성분이 셰드를 찾아왔어요. 장의사를 찾아갔는데 관 짜는 비용이 비싸더라며, 자신이 직접 만들고 싶다고 하셨죠. 그래서 함께 관을 만들기 시작했는데, 정말로 좋았어요. 사람들이 죽음에 대해 이야기를 나눌 수 있게 해주었으니까요. 다들 '나는 화장을 하겠다', '나는 땅에 묻히고 싶다', '나는 이런 유언을 남기려고 한다' 같은 이야기를 나눴죠. 그런데 안타깝게도 관을 만들던 도중 그가 계단에서 떨어져 병원 신세를 져야 했어요. 그 소식을 듣고 저희 복지담당관이 그에게 보낼 카드를 준비했어요. 40여 명의 셰드 멤버들이 그에게 응원 메시지를 썼죠. 2주 뒤에 그가 퇴원했다며 셰드를 찾아왔어요. 그리고 말씀하시길, 병원에 열흘간 입원해 있는 동안 모든 걸 계속해나갈 자신이 없다고, 이제는 그만하고 싶다고 생각하셨대요. 그러다가 40여 명의 동료들이 쓴 카드를 보는 순간, 뭔가가 달라지더랍니다. 그는 더 이상 걸을 수 없지만 지금도 때때로 간병인과 함께 셰드에 오세요. 저희는 맨스 셰드가 사람들의 삶을 지속시켜준다고 믿습니다."

맨스 셰드는 자신의 이야기를 꺼내는 데 서툰 남성들을 위해 시작됐지만, 여성에게도 이러한 공간과 지원이 필요하다는 요구가 이어지며 현재 일부 지역의 셰드는 여성의 입회를 허용하고 있다.

한편 영국에 흔한 프랜차이즈 커피숍 코스타에는 '수다석'이라는 것이 있다. 젖먹이 엄마의 아이디어에서 시작된 수다석은 사람과 사람을 잇는 가교 역할을 하고 있다. 수다석에 앉는 손님들끼리는 처음 보는 사이라도 자유롭게 대화를 나눌 수 있다. 그러니까 수다석에 앉는다는 것은 '누군가와의 대화가 필요하다'는 일종의 사인인 셈이다. 수다석을 이용해본 손님들은 잠시 외로움을 잊고 서로 에너지를 주고받을 수 있다며 호평 일색이다. 2018년 4월부터 25개 매장에서 시작된 수다석은 영국 전역으로 확대되고 있다.

처음 이 아이디어를 낸 알렉산드라 호스킨 씨는 생후 4개월 된 아이를 안고 슈퍼마켓에서 장을 보다가 주체할 수 없을 만큼 외로움이 밀려오는 것을 느꼈다. 누군가와 육아의 고단함이나 삶의 힘듦을 나누고 싶은데, 갓난쟁이에게 마음을 털어놓을 수는 없었다. 그때 근처

커피숍에 홀로 앉아 있는 노부인과 몸이 불편한 청년이 눈에 들어왔다. 호스킨 씨의 눈에는 그 두 사람도 자기처럼 외로워 보였다. 그녀는 용기를 내어 그들에게 말을 걸었다. "저 너무 외로워요"라고. 그렇게 만난 세 사람은 마치 오랜 친구처럼 대화하며 서로의 외로움을 나눌 수 있었다. 호스킨 씨는 이 경험을 바탕으로 '수다카페'라는 캠페인을 시작했다.

그런가 하면 매년 6월 영국 전역에서는 이웃들과 음식을 나누는 빅런치(Big Lunch) 행사가 성대하게 진행된다. 사회적 고립을 막고 지역 공동체를 형성하기 위해 2009년부터 시작된 이 행사는 매년 1000만 명이 참여할 정도로 성장했다. 같은 동네에 살지만 만난 적이 없는 사람들도 이 행사를 통해 자연스럽게 연결된다. 동네 주민들이 함께 모여 서로를 알아가면서 지역이 살기에 더 안전해지는 효과도 있다. 조사에 따르면 빅런치 참가자 중 절반이 이 행사를 통해 외로움을 극복했다고 한다.

또한 2017년부터는 조 콕스 의원의 뜻을 이어가기 위해 영국 전역에서 지역 주민이 자발적으로 모여 '그레이트 겟 투게더(Great Get Together)'라는 행사를 벌인다. 3일간 가족과 이웃들이 함께 길거리 파티를 열고, 식사를 하는 축제다. 누구나 쉽게 사람들과 만나고 대화할 수 있는 기회를 제공하는 것이다. 한 가지 흥미로운 점은 주로 엄마들이 행사를 이끈다는 것이다. 이들은 자녀에게 더 나은 사회를 물려주기 위해서 아이디어를 내고 하나로 모인다. 행사에 참여하지 않았더라면 주로 육아를 하느라 집 안에 고립되었을 사람들이 자기 자신과 사회를 위해 가장 활발한 움직임을 보이고 있다.

공간의 연결에서 길을 찾는 핀란드

———

외로움 문제를 해결하기 위해 장기적으로는 지역사회에 사람과 사람을 연결하는 공간을 마련하는 것도 중요하다. 앞으로는 주택이나 도시를 개발할 때 사람들이 한데 모일 수 있는 공간을 어떻게 마련할지를 고민해야 한다. 그런 공간은 시민 도서관이 될 수도 있고, 시민 복지관이 될 수도 있다. 가장 이상적인 공간은 다양한 연령대의 사람들이 기꺼이 찾는 곳이다. 그런 공간이 만들어지면 다양한 층의 사람들을 한자리에 모으는 각종 행사를 열 수 있다.

핀란드는 현대인의 고립을 사회적 문제로 인식한 또 다른 나라다. 핀란드는 현재 노령화가 급격하게 진행되고 있다. 의료 시스템이 잘 갖춰지고 기대수명이 높아지면서 외로움이 점점 더 큰 위험요소가 되고 있다. 오래 살면 사회에서 고립되는 시간도 길어지기 때문이다. 그래서 핀란드는 공간과 공간을 연결하여 자연스럽게 만나게 함으로써 사람들의 고립을 막고 있다.

2017년 헬싱키에 조성된 제너레이션 블록(Generations Block)은 민간주택, 임대주택, 대학생 숙소가 함께 어우러진 주택단지다. 다양한 연령

제너레이션 블록은 다양한 연령과 계층의 사람들이 일상에서 자연스럽게 이웃을 만날 수 있도록 디자인된 주택단지다.

대와 계층이 한 단지에서 생활하는 새로운 공동 주거시설이다. 이곳은 세 부류로 나뉜 단지가 복도로 연결되어 있다. 복도에는 "틈을 조심하세요(Mind the gap)"라고 쓰인 선이 있다. 단지의 경계를 표시하는 선이다. 런던 지하철에 있는 익숙한 문구를 비틀어서 성격이 다른 건물 사이를 가볍게 넘나들게 하려는 의도다. 사람들은 이 선을 넘어 다니며 자유롭게 교류한다.

복도를 지나면 공동공간이 나오는데, 임대주택에 사는 주민이든 민간주택에 사는 주민이든 누구나 이용할 수 있다. 이곳에서는 빈부의 차이나 소득 수준의 차이가 이웃과 만나는 데 중요하지 않다. 1층의 공동거실, 체육관, 세탁실 등을 이용하면서 입주민들은 일상을 공유한다. 제너레이션 블록의 매니저 엘라 레모넨 씨는 사람들이 자연스럽게 만날 수 있는 공간의 중요성을 강조한다.

"단지는 1층에서 어느 구역으로든 연결되도록 설계되었어요. 모든 공동체 공간이 1층에 마련되어 있죠. 특별한 일 없이도 오가며 이웃들을 만날 수 있게 디자인되었습니다. 노년층, 학생, 재택근무자 모두 편하게 공동거실을 이용해요. 각자의 집 안에도 거실이 있지만, 집 밖에도 두 번째 거실을 만든 셈이에요. 누구나 이곳에서 함께 쉬며 자연스럽게 연결될 수 있습니다."

이렇게 다양한 연령대가 모여 살다 보니, 서로가 도움을 주고받기도 쉽다. 일례로 어린 자녀를 둔 가족의 경우, 아이를 돌봐줄 사람을 찾기가 쉽지 않다. 그럴 때 블록코치에게 도움을 청하면 대학생 건물에 연결된다. 학생들은 일을 할 수 있고 부모는 어린 자녀를 안심하고 맡길 수 있으니, 서로에게 유익한 일이다.

입주민들이 함께하는 또 다른 방법은 공동체 활동이다. 그중에서도 음악을 함께하는 '록허브'는 주민들 사이에서 인기가 높다. 록허브 회원들은 매주 월요일 아침 밴드 연주를 하기 위해 공동공간에 모인다. 주민들은 음악이라는 취미를 공유하면서 외로움을 잊는다. 록허브의 대표이자 음악교육자인 톨리키 라에스 박사는 이러한 활동을 할 때 다양한 세대가 어울리는 것이 중요하다고 말한다.

"여러 세대가 모두 함께하는 것이 중요합니다. 노년층이나 외로워하는 사람들만 묶어서 활동하면 부정적인 영향을 줍니다. 사람들을 부정적으로 분류하게 되기 때문이죠. 하지만 모두를 대상으로 하면, 환자나 어려움을 겪는 사람들을 위한 활동으로 생각하지 않고 그 자체를 즐길 수 있어요. 서로 다른 세대끼리 더 쉽게 소통할 수 있고요."

주민들은 지난 1년간 록허브 활동을 하면서 외로움을 느낄 때면 어떻게 극복해야 하는지를 배워간다고 한다. 일흔일곱 살인 까이사 씨도 더 이상 외롭지 않다.

"매주 월요일 아침에 연습을 하니까 일상에 리듬이 생겼어요. 공연을 위해 노력하니까 목표를 갖게 되어 신나요. 사람들과는 서로의 집에 가서 음식을 나눠먹기도 하고 가끔 모임도 해요. 그리고 언제든 전화로 안부를 물을 수 있어요. 저는 심한 우울증이 있었는데, 지난 10년 동안 사람들과 음악을 함께하면서 외로움을 없앨 수 있었어요. 이제는 외로우면 어떻게 해야 하는지 알아요. 베이스기타를 잡고 연주해요. 그러면 가슴에 좋은 진동이 느껴져요."

제너레이션 블록의 주민들은 함께 산 지 1년밖에 안 된 이웃들의 유대감이 이토록 강한 것에 스스로도 놀라워한다. 그들은 이러한 공동체적인 삶이 고립감에서 벗어나 자신을 행복하게 만들어준다고 확신한다. 비록 지금은 공동체 활동을 하고 있지 않더라도 언제든 공동체 내에서 함께할 수 있다는 가능성, 스스럼없이 이웃과 만나 이야기하고 일상을 나눌 수 있는 삶이 그들에게는 무엇보다도 소중하다.

서로의 손을 맞잡기

다른 사람과 만나는 일은 우리의 신체건강과 정신건강, 감정에 영향을 준다. 그러나 나이가 들어 건강과 경제활동 능력이 나빠지면 사회적인 관계는 점점 줄어든다. 그렇게 나이가 들수록 사회적으로 고립되면서 건강이 나빠지고, 더욱 외로워지는 사람이 늘고 있다. 홀로 있을수록 우울해지고, 우울해질수록 외출이 줄면서 사람들과 더욱 소통하지 않는 악순환이 벌어진다.

'그레이트 겟 투게더' 측이 영국 전역에서 조사한 결과, 고립감과 외로움이 죽음을 초래한다는 것이 밝혀졌다. 이는 비만보다 치명적인 사인이고, 하루 15개비의 담배를 피우는 것보다도 건강에 나쁜 영향을 미쳤다. 게다가 이는 당사자뿐 아니라 주변인에게도 영향을 미치고, 사회도 영향을 받는다. 그러므로 외로움을 사회적 문제로 인식하는 것이 외로움 문제를 해결하기 위한 가장 중요한 첫 단계다.

외로움은 갈증과도 같다. 갈증은 우리 몸에 물이 필요하다는 신호다. 갈증 자체는 질병이 아니지만, 이 신호를 무시하면 목숨까지 잃을 수 있다. 외로움은 마음이 보내는 신호다. 지금 손을 잡아주고 이야기를 나눌 누군가가 필요하다는 절실한 신호. '세상에서 가장 끔찍한 빈곤은 외로움과 사랑받지 못하는 느낌'이라는 테레사 수녀의 말처럼, 외로움을 무시하면 어떤 위험이 닥칠지 알 수 없다. 그리고 개인을 넘어 사회도 더 큰 부담을 떠안게 된다.

더 늦기 전에 외로움이라는 병에 걸리지 않기 위해서, 혼자 쓸쓸하게 죽지 않기 위해서 대비해야 한다. 외로움은 나약하거나 가난하거나 연로한 사람만이 느끼는 감정이 아니라, 우리 누구나 느낄 수 있는 갈증과 같기 때문이다.

우리 사회도 더 나빠지기 전에 외로움 문제를 다뤄야 한다. 사람과 사람을, 공간과 공간을 어떻게 연결할 것인지, 외로움을 해결해줄 키워드인 '연결'을 어떤 형태로 풀어낼 것인지 함께 논의를 시작해야 한다. 그리고 사람들의 이야기를 들어주어야 한다. 사람들이 자신의 외로움을 말하고, 상대의 외로움을 들을 기회를 마련해야 한다. 혼자라고 느끼는 것, 고립됐다고 느끼는 것, 단절되었다고 느끼는 것이 어떤 것인지를 말이다. 사람들이 그 이야기에 귀 기울이기 시작할 때야말로 변화가 만들어질 것이다.

우리는 모두 연결될 수 있다

이태경 PD

많은 사람들이 외로움을 지극히 개인적인 감정 문제로 인식한다. 하지만 외로움은 단순한 감정 문제가 아니라 고립이나 배제로 인한 사회적 관계망의 파산을 의미한다. 우리 사회에서 일어나는 대부분의 충격적인 사건들을 보면 정신병리학적 문제에서 비롯되는 경우가 많다. 미래 사회가 갈수록 비관적이고 암울해지는 이유를 경기 침체나 불평등에서 찾는 데는 한계가 있었다. 더욱 포괄적이고 근본적인 접근이 필요했다. 어떻게 하면 사람들이 고립으로부터 벗어나 더 행복하고 안정적으로 살아갈 수 있을까?

취재를 통해 확인한 외로움 문제의 해법은 의외로 간단했다. 만나서 함께 밥을 먹으며 이야기를 나누는 것이 제일 좋은 방법이었다. 최고의 합리성을 추구하는 유럽 사회도 '만남'을 제일 중요한 실천으로 꼽고 있었다. 하지만 생면부지 사람들과 말을 트고 밥까지 같이 먹는 것은 결코 쉬운 일이 아니다. 외로움 문제의 해법은 어떻게 하면 자연스럽게 사회적 관계망을 구축할 것인가에 달려 있다. 사람들끼리 만나고 소통할 수 있는 공간과 기회를 제공하는 일에 힘을 쏟아야 한다. 핀란드에서 사람들이 자연스럽게 교류할 수 있도록 공동 주택을 디자인한 것처럼, 영국에서 '그레이트 겟 투게더' 행사를 통해 다양한 지역에 만남의 장을 만든 것처럼 말이다.

우리나라에도 다양한 지역 축제가 있고, 크고 작은 이벤트가 있다. 하지만 영국과 핀란드에서는 소수자와 약자에 대한 배려가 중심이 된다는 점에서 결을 달리한다. 움츠리고 고립된 이웃들을 품어주려는 세심한 배려와 마음이 곳곳에서 엿보였다. 유럽에서는 서로에게 관심을 가지고 소통하는 일이야말로 지역 공동체를 건강하게 만든다는 생각이 확고하게 자리 잡고 있었다.

핀란드 공동 주택은 대학생 기숙사, 고급 민간주택, 장애인과 저소득층을 위한 임대주택이 완전하게 하나의 공동체가 되도록 설계되어 있다. 주변에 임대주택이나 청년주택이 들어서면 아파트 가격이 떨어진다고 주민들이 극심하게 반대하는 우리나라의 모습과 대조적이다. 그들은 차별과 편견 없이 함께 어우러져 사는 일이 생활 코드로 정착돼 있다. 공간 디자인으로 입주민들이 자연스럽게 교류하게 하는 데서 멈추지 않고, 소통 코디네이터가 로비의 공동 게시판을 통해 크고 작은 행사와 모임을 기획하고 운영한다. 내가 만난 맞벌이 부부는 공동 게시판 덕분에 이웃 할머니에게 아이를 맡길 수 있었다며, 매우 만족스럽다고 했다. 작은 식당에는 이민자들이 운영하는 카페를 만들어 일자리와 소통의 기회를 넓힌다.

취재를 갔던 2018년 6월은 핀란드인들이 가장 사랑하는 행사인 하지 축제를 앞둔 때라서 다들 행복한 모습이었다. 하지 축제 무렵은 어둡고 침침한 밤만 계속되는 계절에서 벗어나 마음껏 햇볕을 즐기고 사람들을 만나는 시기라고 한다. 그래서인지 우리가 갔던 공동주택 여기저기에서 바비큐 파티를 하며 자연스럽게 이웃들과 이야기꽃을 피우는 사람들을 볼 수 있었다. 수년을 같은 아파트에 살아도 이웃들과 목례만 나누는 나에게 이곳의 화기애애한 분위기는 무척 인상적이었다.

외로움 문제를 처음으로 사회적 의제로 만든 영국에서도 행복한 공동체를 꿈꾸는 이들을 곳곳에서 만날 수 있었다. 영국 전역에서 열리는 '그레이트 겟 투게더' 행사 중에 조 콕스 의원의 활동 무대였던 배틀리역을 찾았다. 역 곳곳에서 화단을 만들고 장식하는 시민들을 만났다. 조 콕스와 함께 '배틀리역의 친구들'이라는 모임을 만들어 아름다운 역을 가꿔온 사람들이다. 그들은 쇠락한 소도시인 배틀리를 좀 더 인간적이고 멋지게 만들기 위해 마을의 관문인 역에서 봉사활동을 하고 있었다. 역 한편에는 그녀를 추모하는 꽃과 사진들이 소담스럽게 놓여 있었다. 이곳에서 조 콕스의 가족을 우연히 만났다. 조 콕스의 아버지, 어머니, 언니였다.

대학교수인 조 콕스의 언니 킴 레드비터는 외로움 위원회의 공동위원장으로 활동하며 동생의 빈자리를 채워가고 있었다. 좌우를 넘어선 조 콕스의 한결같은 헌신은 그녀의 가족뿐 아니라 영국 사회 전체가 가야 할 길이 되고 있었다. 2018년 그녀가 죽은 지 2년 만에 영국은 외로움 문제를 극복하기 위해 장관을 임명하고 3000만 파운드(약 450억 원)의 예산도 배정했다. 구체적이고 실질적인 외로움 극복 대책이 속도를 내고 있다. 킴 레드비터는 영국 사회가 정파를 초월한 새로운 메시지를 원한다고 했다. 브렉시트 문제로 동생이 피살될 정도로 분열과 분노, 파괴적인 논쟁이 계속되면서 영국 국민들은 지쳐 있고, 무언가 건설적인 변화를 원하고 있다고 했다. 그러면서 이 변화에 앞서 우리 모두가 소중한 존재임을 잊지 말자고 했다. 그녀는 일상 속에서 상처받고 고립되어가는 외로움 문제에 함께 맞서야 한다고 힘주어 이야기했다. 외로움 문제가 초당적인 사회적 합의와 신속한 정책으로 연결되는 것은 그들의 진심이 영국 사회에 울림이 크기 때문일 것이다.

조 콕스의 어머니 진 레드비터는 소박한 언어로 외로움 극복에 대해 이야기했다. "이웃의 문을 두드리고 '차 한잔 하러 오세요'라고 말하는 데는 돈이 들지 않아요. 그냥 그렇게 옆집 이웃을 보살피세요. 한 번도 누군가와 대화를 나눠본 적이 없을 것 같은 사람들을 말이에요." 이런 작은 마음이 모여 외로움으로 병들어가는 영국 사회가 치유되고 있다.

배틀리역에서 만난 사람들은 행복이 어디에서 오는지를 분명히 아는 이들이었다. 서로 사랑하고 나누는 일에서 기쁨을 키워가는 그들이 있기에, 영국의 외로움은 점차 극복될 것이다.

영국에서 찾아낸 가장 강력한 외로움의 치유책은 프롬에 있는 맨스셰드였다. 조그마한 마을에 사는 은퇴한 노인들이 스스로 목공 교실을 열어 작품을 만들고 있었다. 무엇을 함께 만드는 일은 성취감과 자존감을 높여줄 뿐 아니라 고립감을 해소시켜준다. 얼마나 공방의 분위기가 좋은지 한눈에 알 수 있었다. 우리나라에도 저런 커뮤니티가 지역 곳곳에 만들어지면 좋겠다는 생각을 했다. 그곳에는 은퇴한 노인 말고 청년들도 종종 보였다. 그중에서도 대학을 졸업하고 4년 동안 일자리를 찾지 못한 앨런이 눈에 띄었다. 수줍음이 많고 말이 없는 청년이었다. 그는 친구들은 물론 가족과도 거의 단절된 상태로 아주 심한 우울증에 빠져 있었다고 한다. 그러다 우연히 이곳에 와서 서서히 목공의 재미에 빠져들었다고 한다. 하지만 목공보다는 그를 아껴주는 어른들의 관심이 그의 마음을 사로잡은 듯했다. 한 노인이 앨런에게 친아들처럼 관심을 기울이며 이런저런 이야기를 나누었다. 그 모습이 다정했다. 앨런은 희미하게나마 사람 사이의 정과 사랑이 얼마나 삶의 빛이 되는지 느꼈다고 했다. 그는 돈으로 살 수 없는 인간관계의 깊이와 힘을 절실하게 깨달은 것 같았다.

아무리 힘든 상황이라도 누군가 자신을 인정해주고 지지해준다면 살아갈 힘을 찾을 수 있다. 반대로 엄청난 부가 있어도 사랑이 없으면 아무 소용이 없다. 영국과 핀란드에서 왜 이토록 외로움이 관심을 끌고 있는지를 취재하면서 이 진리를 다시금 깨달았다. 경제가 아무리 발전하고 생활이 편리해져도 채울 수 없는 무언가가 있다. 내가 공동체의 일원이고 우리 모두가 연결되어 있음을 느끼는 것이야말로 가장 중요한 행복의 비결이라고 생각한다. 우리보다 먼저 자본주의 고도화를 겪은 유럽 사람들은 이제 사람과의 관계에 주목하기 시작했다. 반면에 우리 사회는 아직도 효율과 경쟁 일변도를 유지하고 있다. 우리 사회가 좀 더 성숙하고 인간적인 곳이 되려면 서로에게 관심을 기울이고 사랑을 나누는 일이 얼마나 중요한지 성찰해야 한다.

3부

금융
FinTech

明見萬里

7장

현금 없는 '쩐'의 전쟁

—

현금 없는 사회는 오는가

明見萬里

교회 헌금과 길거리 버스킹 후원마저

간편결제 앱으로 이루어지며 현금이 사라져가는 세상.

'현금 없는 사회'의 선두주자인 스웨덴은

2020년이면 현금 사용률이 0.5퍼센트까지 떨어질 것으로 전망된다.

현금 없는 사회는 우리에게 장밋빛 미래가 될 수 있을까.

현금 없는 '쩐'의 전쟁

현금 없는 사회는 오는가

화폐의 종말이 다가오고 있다

2013년 스웨덴 스톡홀름의 한 은행에 강도가 침입했다. 그러나 강도는 아무것도 건지지 못한 채 황급히 그곳을 떠나야 했다. 은행에 단 한 푼의 현금도 없었기 때문이다. 현재 스웨덴에서는 주요 은행지점 1600곳 중 900여 곳이 현금취급 업무를 하지 않는다. 현금인출기(ATM) 역시 빠르게 사라지고 있으며, 그마저도 현금을 입금할 수 있는 기기는 거의 찾아볼 수 없다.

스웨덴은 1661년 세계 최초로 중앙은행이 지폐를 발행했을 정도로 화폐금융이 일찍부터 발달한 나라다. 그런 스웨덴에 변화의 바람이 불고 있다. 현금이 사라지고 그 자리를 카드와 현금거래 애플리케이션이 대체하고 있는 것이다. 물론 우리나라에서도 식당이나 상점에서 이런 모습을 흔히 볼 수 있지만, 스웨덴은 이것이 훨씬 진척된 모습이다. 현금 없는 사회의 풍경을 보여주는 한 장면이 있다.

매주 일요일 1000여 명의 사람이 모이는 필라델피아 교회에서는 헌금함을 찾아볼 수 없다. 예배가 끝날 무렵 모니터에 교회 계좌번호가 뜨면, 사람들은 스위시(Swish)라는 모바일 현금거래 애플리케이션으로 헌금을 한다. 심지어 예배에 참석하지 못해도 집에서 앱으로 교회에 돈을 송금할 수 있다. 교회 내부에는 헌금함이 없는 대신 헌금용 카드 단말기가 설치돼 있는데, 스마트폰이 없거나 스위시를 사용하지 못하는 사람들을 위한 것이다.

모바일 금융거래 간편결제 앱인 스위시는 사용자의 계좌가 아닌 전화번호를 기반으로 한 애플리케이션이다. 노르디아, 한델스방켄, SEB 등 스웨덴에서 가장 큰 여섯 개의 은행이 협력해 만든 것으로, 국민의 60퍼센트가 이용하고 있다. 지금은 다른 은행들과도 연합을 맺어 총 여덟 개의 은행이 스위시와 연결되어 있다.

스웨덴 상점들은 약국 등을 제외하고는 공개적으로 현금을 거부할 수 있다. 가게에 '현금 안 받는 곳'이라고 써 붙인 경우도 있다. 스웨덴 중앙은행인 릭스은행에 따르면, 현금을 받는 상점은 2010년 전체의 40퍼센트에서 2016년에는 15퍼센트로 줄었다. 버스, 지하철 등 대중교통을 이용할 때는 아예 신용카드나 스마트폰 앱으로만 요금을 결제

스웨덴 상점들은 약국 등을 제외하고는 공개적으로 현금을 거부할 수 있다. 거리 노점상도 이동식 카드단말기를 갖추고 있고(왼쪽), 자활잡지를 파는 노숙자들도 현금 외에 전자결제를 받는다(오른쪽).

할 수 있다. 현금은 사용하지 못하도록 법으로 금지했다.

이 변화의 바람에 거리의 노숙자들도 달라지고 있다. 노숙인 자활잡지 《빅이슈》는 노숙인이 잡지를 판매할 때 자신의 계좌번호를 목에 걸고 구매자가 즉석에서 송금할 수 있게 하자 판매율이 약 30퍼센트까지 증가했다. 한편 QR코드 결제방식이 일상화된 중국에서는 구걸하는 사람이 전자결제 QR코드가 그려진 목걸이를 내밀며 모바일 송금을 해달라고 요청하는 모습도 등장했다.

스웨덴은 세계에서 '현금 없는 사회(Cashless Society)'에 가장 가깝게 다가간 나라다. 스웨덴의 현금 사용률은 2016년 이미 1.4퍼센트로 떨어졌고, "2020년이면 0.5퍼센트까지 떨어질 것"으로 스웨덴 왕립공과대학은 전망했다. 이에 따라 지난 10년간 현금 통화량 역시 약 410억 크로나(약 5조 원) 감소했다.

애초에 스웨덴 정부는 2030년까지 현금 없는 사회로 완전히 이행한다는 계획이었다. 그러나 그보다 훨씬 더 빠른 속도로 현금 사용이 줄어들자 '현금 반란(kontantupproret. Cash Rebellion)'이라는 시민단체가 생길 정도로 현금 없는 사회에 대한 거부감도 늘어나고 있다. 현금 반란의 비에른 에릭센 대표는 2018년 4월《가디언》과의 인터뷰에서 "지불 시스템이 완전히 디지털화되면 누군가가 시스템을 껐을 때 방어할 수단이 없다"며 디지털 시스템의 취약성을 경고했다. 스웨덴 중앙은행의 스테판 잉베스 총재 또한 "특정 집단을 경제활동에서 소외시키지 않고, 국가 위기나 전쟁 시에 현금이 없어 경제위기에 처하는 일이 없도록 대비해야 한다"며 연착륙을 위한 속도 조절을 시사했다.

한편 IT에 친숙하지 않은 노년층에게는 여전히 현금이 편리하고 믿을 만한 지급수단이다. 은행계좌가 없는 신용불량자, 이민자 등도 현금을 사용할 수밖에 없다. 이들은 현금을 취급하지 않는 많은 스웨덴 상점에서 현금으로 충전식 카드를 사서 대신 사용해야 한다.

현금 없는 사회는 스웨덴뿐 아니라 세계적인 트렌드다. 덴마크는 2017년 1월부터 화폐의 제작을 중단했고, 현금 결제를 거부할 수 있는 상점 주인의 권리를 법적으로 인정했다. 유로존 역시 2018년 1월부터 고액권인 500유로화의 발행을 전면 중단했다. 고액의 현금 거래를 금지하는 추세도 확산되고 있다. 프랑스와 포르투갈은 1000유로, 그리스는 1500유로, 스페인은 2500유로, 벨기에는 3000유로 이상의 현금 거래를 금지하고, 위반 시 수십 배의 과태료를 부과한다.

한국도 현금 사용이 급감하는 추세다. 2016년 한국은행이 조사한

주요 국가의 현금 사용률

- 1위 스웨덴 — 1.4%
- 2위 남아공 — 3.4%
- 3위 브라질 — 3.7%
- 4위 영국 — 3.9%
- 5위 캐나다 — 4.2%
- 8위 한국 — 5.9%

(2016년 기준. 연간 민간에서 현금 결제된 총금액을 국내총생산으로 나눈 것.
출처: 스웨덴 통계청)

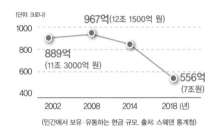

스웨덴 화폐 유통량

(단위: 크로나)

- 2002: 889억 (11조 3000억 원)
- 2008: 967억 (12조 1500억 원)
- 2014
- 2018: 556억 (7조원)

(민간에서 보유·유통하는 현금 규모. 출처: 스웨덴 통계청)

바에 따르면, 국내에서 현금이 아닌 다른 수단으로 지급하는 비율이 86.7퍼센트에 이른다. 그중 신용카드와 직불카드 이용률이 71퍼센트로, 13.6퍼센트인 현금 이용률보다 네 배 가까이 높다.

'현금 없는 매장'을 도입하는 업체도 생겨났다. 커피전문점 스타벅스는 2018년 4월 국내에 '현금 없는 매장'을 시범 도입한 이후 7월에는 이를 400곳 이상으로 확대해 운영할 예정이라고 밝혔다. 이는 2018년 10월 기준 국내 1200여 개 매장의 30퍼센트 수준이다.

이러한 흐름에 따라 한국은행은 '지급결제 비전 2020'을 발표하고 지급결제의 패러다임 변화에 대응하고 있다. '현금 없는 사회'로 나아가기 위해 먼저 '동전 없는 사회' 모델을 도입해 시중에 유통되는 동전을 줄여나가고, 차세대 금융망을 구축하는 등 인프라를 확충해나가고 있다. 이처럼 실물화폐가 축소되는 것은 피할 수 없는 시대 흐름이다.

그렇다면 세계 주요 선진국들은 왜 현금 없는 사회로의 이행을 서두

르고 있을까? 스톡홀름대학의 로번 테이그먼 경영학과 교수는 그 이유로 편리함과 효율성, 소비효과 등을 꼽았다. "현금 없는 사회로 이행하는 가장 큰 이유는 효율성이에요. 지폐와 동전을 발행, 유통, 관리, 회수하는 비용을 절감하는 직접적인 효과가 있습니다. 위조지폐 등의 범죄를 막을 수도 있어요. 또한 돈을 저축하기보다는 소비하게 하는 방법이기도 해요. 정부로서는 현금순환을 조절하고, 금융사기, 위조지폐, 탈세 등을 막는 수단일 수 있어요." 실제로 스웨덴에서는 은행지점의 현금 보유를 줄인 뒤 2008년 110건이나 발생했던 은행강도 건수가 2016년에는 두 건에 그쳤다.

우리나라의 경우 2017년에 금융기관과 한국은행 창구를 통해 회수된 손상화폐 규모가 3조 8000억 원이고, 이를 새 화폐로 대체하는 비용만 617억 원이었다. 현금이 사라지면 이 비용을 아낄 수 있다.

이렇듯 인류 역사와 함께 다양한 형태로 변화를 거듭해온 실물화폐가 빠르게 사라지고 있다. 21세기 금융(Finance)과 IT기술(Technology)의 만남인 '핀테크(FinTech)'의 등장으로 가능해진 일이다. 핀테크는 스마트폰을 새로운 지갑으로 만들며 기존의 금융시장을 빠르게 대체해가고 있다. 그러나 아직 우리 사회에서는 핀테크를 페이팔이나 카카오페이와 같은 지급결제 수단 정도로만 이해하는 경향이 있다. 또한 신용카드와 체크카드만으로도 충분히 빠르고 편리한데 굳이 핀테크가 필요한지 의문을 제기하기도 한다. 그러다 보니 현금 없는 사회로의 이행이 중국이나 미국, 영국 등 핀테크 주요 선진국에 비해 늦어지고 있다. 과연 핀테크는 지급결제 수단 외에 어디까지 나아갈 수 있을까?

생활밀착형 플랫폼으로 진화하는 핀테크

—

앞서 살펴본 스웨덴의 경우, 핀테크 스타트업들은 자국에서의 성공에 힘입어 미국을 비롯한 해외시장으로 영역을 확장해가고 있다. 2018년 5월 페이팔에 22억 달러(약 2조 3700억 원)에 인수된 아이제틀(iZettle)은 자영업자와 노점상이 쓸 수 있는 휴대형 카드단말기를 보급했다. 덕분에 손님들은 손쉽게 카드로 지불할 수 있게 되었고, 이는 곧 노점의 매출로 이어졌다. 스웨덴의 영세 노점상들도 과거에는 비싼 수수료 때문에 카드단말기를 설치할 수 없었다. 이 문제를 해결한 것이 바로 아이제틀이다. 아이제틀은 다양한 형태의 카드단말기를 생산하여 무료로 제공하고 아주 싼 수수료만 받고 있다. 그러나 이 회사의 설립자 제이콥 드기어는 아이제틀의 목표는 따로 있다고 말한다.

"저희는 카드결제회사가 아니라, 소프트웨어와 금융기술 회사입니다. 그래서 저희는 어떤 지불방식을 사용하든 신경 쓰지 않습니다. 카드든, 현금이든, 은행솔루션이든, 페이팔이든 상관없어요. 중요한 것은 거래를 기록하고 데이터를 수집해서 상인들이 더 좋은 결정을 할 수 있도록 정보를 제공하는 것입니다."

아이제틀은 전자결제 시스템에 쌓인 수많은 정보로 또 다른 부가가

런던에서 샬롯 캠벨이라는 음악가가 아이제틀의 단말기를 놓고 길거리 공연을 하고 있다. 관객들은 카드, 스마트폰, 스마트시계 등으로 음악가를 후원할 수 있다.

치를 창출하고 있다. 자동으로 쌓이는 거래 기록 데이터를 이용해 어떤 제품이 가장 많이 팔리고 재구매율이 높은지 등을 분석하여 상인들이 판매량을 높이도록 돕는 깃이다. 그 때문에 대다수의 스웨덴 상인들은 현금 없는 사회를 환영하고 있다.

한편 세계 최고의 핀테크 기업인 알리바바는 지급결제 수단에서 시작된 핀테크가 어떻게 진화할 수 있는지 그 가능성을 보여준다. 알리바바 그룹의 전자금융거래 서비스인 알리페이(Alipay)는 원래 알리바바 쇼핑몰에서 신용거래를 지원하기 위해 시작되었다. 알리페이가 시작되던 2004년 중국의 온라인쇼핑에 대한 신뢰도는 매우 낮았다. 따라서 소비자가 물건을 확인한 후 판매자에게 돈을 보내는 제3자 담보 결제 시스템인 알리페이는 폭발적인 호응을 얻었다.

현재 알리페이는 중국 내 5억 2000만 명 이상의 실사용자, 전 세계 8억 명 이상의 고객을 보유한 중국 제1의 전자결제 시스템으로 성장했다. 일본, 이탈리아, 영국, 미국, 프랑스, 독일 등 70여 개국에서 알리페이를 사용할 수 있으며, 한국에도 이미 3만 1000여 개 매장에서 알리페이를 이용할 수 있다.

그뿐만이 아니다. 알리페이는 카드나 현금을 대체하는 수준을 넘어 중국인들의 삶을 통째로 바꾸고 있다. 온·오프라인에서의 쇼핑뿐 아니라 교통, 문화, 식생활, 공공서비스, 보험, 금융 등 일상생활에 필요한 모든 것을 알리페이 안에서 해결할 수 있도록 생활밀착형 플랫폼을 형성한 것이다.

알리페이의 생활밀착형 플랫폼을 엿볼 수 있는 곳이 '알리페이 마을'이다. 중국 동부 저장성 후저우시에 위치한 안지현은 차와 대나무가 유명한 작은 마을이다. 항저우에서 한 시간 남짓 떨어진 이곳은 또한 세계적인 전자결제 기업 알리페이가 선정한 1호 마을이다.

알리페이 체험 거리인 '1958년 거리'는 농촌에서도 모바일 결제 시스템을 이용할 수 있음을 보여주기 위해 형성되었다. 영화관, 카페, 식당, PC방, 미용실 등 이곳의 모든 상점에서 간편결제가 가능하다. 이 거리를 시작으로 안지현 전체가 현금 없는 마을이 될 예정이다.

알리페이는 농촌 마을인 안지현 사람들의 삶도 바꿨다. 대표적인 예가 2대째 백차 농장을 운영하는 왕룽 씨다. 항저우의 대학을 졸업하고는 3년간 도시에서 일했지만 높은 물가와 집값 등으로 삶이 녹록지 않았다. 결국 고향으로 돌아온 그는 부모님의 차밭을 물려받아 백차 사업을 시작했다. 10여 년 넘게 이어온 사업이 눈에 띄게 확장하기 시작한 것은 알리페이 전자결제를 도입하고부터다. 알리페이로 전자상거래를 하게 되자 지리적 제약을 넘어 수천 배의 매출을 기록하게 되었다. 이제 안지현에서 가장 큰 백차 공장을 운영하는 그는 후저우시 농업선두기업상을 받는 등 성공한 기업인이 되었다.

안지현의 성공에 힘입어 제2, 제3의 알리페이 마을이 되고자 하는 농촌 마을들이 점점 늘어나고 있다. 알리페이는 안지현 외에도 거의 40개 현과 계약을 체결했고, 몇백 개 현이 합작 의사를 밝혔다.

정성 데이터로 신용을 평가하는 시대

—

알리바바는 2011년 소액대출 서비스인 앤트파이낸셜을 출시하면서 전자상거래 사이트 내의 거래량, 재구매율, 만족도 같은 정량 데이터와, 구매후기, 판매자와 구매자 간의 대화 같은 정성 데이터를 종합적으로 분석해 대출을 진행했다.

35세인 땅제 씨는 도자기 가게를 개업했다. 그에게 창업 자본금을 지원해준 곳은 알리페이의 모회사인 앤트파이낸셜. 다양한 신용조건을 충족시켜야 하는 은행들과 달리 앤트파이낸셜의 조건은 간단했다. "저희가 알리페이를 사용하면 사용 내역이 기록되잖아요. 앤트파이낸셜은 그 기록과 시스템에 근거해 지불능력을 심사해요. 그리고 거기에 상응하는 만큼 돈을 대출해주죠. 알리페이를 사용한다면 사실 그만큼 개인정보를 수집당하고 있는 거예요."

떵제 씨가 대출받는 데 걸린 시간은 단 10초였다. 어떻게 이런 일이 가능했을까? 그 답은 바로 빅데이터에 있다. 빅데이터는 핀테크 성장의 주춧돌이다. 알리바바의 회장 마윈은 이렇게 예측했다. "인터넷 환경으로 인해 금융업계에는 천지개벽이 일어날 것입니다. 향후 10년간 IT기술, 특히 데이터 기술을 기반으로 한 금융시장이 새롭게 대두될 것이고, 이것은 전 세계 금융시장에 큰 변화를 가져올 것입니다."

기존 금융회사들은 개인의 직장이나 소득, 금융거래 실적, 연체기록 등을 근거로 대출을 심사했다. 그러나 핀테크가 결합하면 SNS에 올린 글이나 연결된 친구, 생활습관 등 수만 가지 빅데이터를 이용해 대출을 결정할 수 있다. 그동안 눈여겨보지 않았던 정보들이 중요한 신용평가 자료가 되는 것이다. 최근 핀테크 기업들은 이러한 빅데이터를 활용해 새로운 금융 비즈니스를 만들어가고 있다.

대표적인 업체로 구글 출신 데이터 분석가들과 금융사의 대출 전문가들이 창업한 제스트파이낸스(ZestFinance)가 있다. 이 회사는 기존 금융시장에서 대출이 어려운 저신용자들의 신용을 빅데이터를 통해 재평가한다. 미국의 일반 은행들이 20개 안팎의 변수로 신용을 평가하는 반면, 제스트파이낸스는 동호회 정보, SNS 포스팅 주제, 인터넷 접속 시간 등 7만여 개의 각종 변수를 분석해 신용도를 평가한다. 제스트파이낸스의 모델로 분석한 신용도는 기존 신용점수보다 40퍼센트 이상 상향 평가된다. 또한 대출 승인율이 동일하다고 가정할 경우 부실률은 기존 평가방식보다 낮으며 수익률은 훨씬 높다.

　홍콩의 핀테크 기업인 렌도(Lenddo)도 SNS 데이터로 신용도를 평가하고 대출을 진행하는 평판 대출회사다. 렌도는 대출 희망자의 동의를 얻어 페이스북이나 트위터 등 SNS 활동을 파악해 신용도를 평가한다. 이때 SNS 친구들 중에 연체자가 있을 경우 신용점수가 깎이고, 친구들이 제때 대출금을 상환하면 점수가 올라간다. 빅데이터를 기반으로 하는 렌도의 신용평가 시스템은 대출금 상환율이 95퍼센트에 이를 정도로 매우 우수하다. 마닐라, 보고타, 멕시코시티, 뉴욕 등 글로벌 시장에도 진출한 렌도는 세계경제포럼이 발표한 2014기술선도기업 36개 중 하나로 선정되기도 했다.

대한민국, 새로운 도약을 준비하다

—

　시장조사기관 아이리서치그룹에 따르면 중국의 모바일 간편결제 시장 규모는 2017년 기준 15조 4000억 달러(약 1경 6761조 원)에 달한다. 같은 기간 전 세계에서 비자카드와 마스터카드로 결제된 금액인 12조 5000억 달러보다도 20퍼센트 이상 많은 금액이다. 이러한 폭발적인 이용은 한국에서도 예외가 아니다. 중국의 모바일 결제 업체들의 글로벌 매출에서 한국이 차지하는 비율이 35퍼센트나 될 만큼 한국의 지불결제시장은 이미 무시할 수 없을 정도로 성장했다. 2014년 요우커가 한국에서 알리페이로 결제한 금액만 1조 7000억 원에 달할 정도다. 이에 따라 중국의 모바일 결제 기업들도 경쟁적으로 한국에 진출하여 공세적인 마케팅을 펼치고 있다.

우선 알리페이와 함께 중국 간편결제 서비스 시장에서 양대 산맥으로 꼽히는 위챗페이(WeChat Pay, 웨이신페이)는 2015년부터 한국의 파트너사들을 통해 요우커들에게 결제 서비스를 제공하고 있다. 알리페이는 2017년에 코리아페이 법인을 설립하고, 알리페이 생활관을 만들어 일반인들이 알리페이를 체험할 수 있게 했다. 특히 알리페이는 인도의 페이티엠(PayTM)을 '세계 4대 지갑'으로 성장시킨 경험을 바탕으로, 장기적으로는 전 세계에 현지 버전의 알리페이를 구축하는 것을 목표로 하고 있다.

그렇다면 IT 강국임을 자부하는 대한민국 핀테크산업의 현주소는 어디일까? KPMG 인터내셔널과 핀테크 벤처투자기관인 H2벤처스가 공동으로 발표한 보고서에 따르면, '2018 세계 100대 핀테크 기업'에 오른 한국 기업은 비바리퍼블리카('50대 리딩기업' 28위)와 데일리금융그룹('50대 이머징기업' 74위), 단 두 곳에 불과했다. 2015년 2월 서비스를 시작한 간편송금 앱 '토스'를 운영하는 비바리퍼블리카는 2년 연속 '세계 100대 핀테크 기업'에 오르며, 우리나라 국민 다섯 명 중 한 명이 사용하는 국민 핀테크 서비스로 성장했다. 2018년 12월에는 기업가치를 12억 달러(약 1조 3000억 원)로 인정받으며 국내 1호 핀테크 유니콘기업(기업가치 1조 원 이상 비상장회사)에 올랐다. 인공지능과 블록체인 관련 금융 서

◆ 2018년 세계 100대 핀테크 기업의 국가별 현황

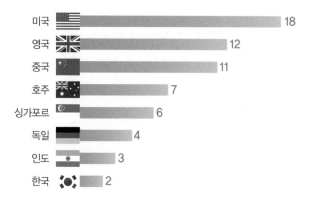

미국		18
영국		12
중국		11
호주		7
싱가포르		6
독일		4
인도		3
한국		2

2018년에는 영국과 EMEA(유럽, 중동 및 아프리카) 지역 35개 기업, 아시아·오세아니아 지역 38개 기업, 미주 지역(북미, 남미) 27개 기업이 세계 100대 핀테크 기업으로 선정되었다. (출처: KPMG인터내셔널, H2벤처스)

비스를 제공하는 데일리금융그룹은 가상화폐거래소 '코인원'을 자회사로 갖고 있다. 한편 상위 10대 기업에 오른 회사를 살펴보면, 중국 기업이 네 곳(앤트파이낸셜·JD파이낸스·두샤오만금융·루팍스홀딩스), 미국 세 곳(소파이·오스카헬스·로빈후드), 영국 한 곳(아톰뱅크)으로, 중국은 현재 핀테크 세계 최강자로 부상했다.

이러한 급성장은 역설적이게도 중국의 금융환경이 열악했던 덕분에 가능했다. 중국 정부는 내수소비 활성화를 위해 소비자들이 쉽게 돈을 쓸 수 있는 환경을 마련해야 했다. 그러나 기존의 금융환경은 너무 열악해 정책이 효과를 내지 못했다. 중국 정부는 금융 인프라 조성을 위해 규제를 완화하고 IT기업과 비금융업자의 금융업 진출을 적극 허용

했다. 현재 중국 핀테크산업을 이끄는 알리바바, 징둥(JD파이낸스의 모기업), 바이두(두샤오만금융의 모기업) 등이 이때 성장 발판을 마련했다.

반면에 한국은 카드 사용 시스템이 충분히 잘되어 있기 때문에 전자결제 시스템의 필요성을 일찍 깨닫지 못하는 역설적인 상황이 벌어졌다. 게다가 강력한 규제로 인해 핀테크산업이 진일보할 수 없었다. 개인정보보호 정책으로 핀테크산업에 필수인 데이터 활용이 막혔던 것이다. 하지만 2018년 7월 금융 당국이 '마이 데이터 사업'(자신의 개인정보를 마음대로 사고팔 수 있게 하는 사업)에 2019년 100억 원을 투입해 이를 활성화하고, 핀테크 기업이 클라우드를 통해 활용할 수 있는 정보 범위를 '개인신용정보·고유식별정보'까지로 확대하여 금융 클라우드가 활성화되는 길을 열었다. 이어 2018년 11월에는 '금융규제 샌드박스(혁신 금융 서비스 사업자에게 기존의 금융규제를 면제 또는 완화해주는 제도)' 도입을 핵심으로 하는 금융혁신지원 특별법이 통과되었다. 정부도 인터넷은행의 은산분리 규제 완화에 대한 강한 의지를 보임으로써 2019년은 국내 핀테크산업이 폭발적으로 확산되는 시발점이 될 것으로 예상된다.

IT기업이 지배할 미래의 금융산업

—

IT기업인 알리바바가 금융업의 강자가 되었듯이 기존 인터넷 기업과 통신업체들이 금융업에 본격적으로 진입하면서 금융시장의 빅뱅이

도래했다.《블록체인의 미래》를 쓴 야나가와 노리유키 도쿄대 경제학과 교수는 향후 금융산업을 "지금의 대형은행이 아니라 구글이나 애플, 아마존, 알리바바 같은 IT기업이 지배할 것이라고 생각하는 사람들이 많다"고 이야기한다. 그렇다고 세계 주요 대형은행들도 손을 놓고 있지만은 않다. 대형은행들 또한 새로운 핀테크 벤처기업과 협업하며 디지털 혁신을 이루어가고 있다.

이제 국내 금융회사들에도 디지털 혁신은 선택이 아닌 필수가 되었다. 그리고 이것은 위기이자 기회다. 핀테크는 금융의 국경을 지우는 강력한 무기가 될 수 있다. 그동안 국내 금융기관들은 해외 진출을 염원해왔지만, 삼성전자나 아모레퍼시픽, 현대자동차 등 기술과 제조를 기반으로 한 산업들에 비해 해외 진출 실적이 미미했다.

하지만 한국 경제를 위해서도 금융기관의 해외 진출은 필수 과제다. 1997년 금융위기 이후 한국의 은행들은 인수합병 등을 통해 빠르게 대형화됐다. 2017년 기준 KB, 신한 등 대형 금융지주회사의 총자산은 각각 460조 원에 이른다. 이는 대한민국의 1년 예산 규모와 맞먹는 수준이다. 하지만 해외영업 비중은 매우 미미하다. 정대영 송현경제연구소 소장은《관점을 세우는 화폐금융론》에서 한국과 같이 작은 나라에서 은행이 해외 진출 없이 국내에서만 대형화하는 것의 문제점을 지적했다. 한 나라의 은행산업이 몇 개 은행에 의해 과점되었을 때 그중 한 개라도 도산하면 바로 금융위기로 연결될 가능성이 크다. 그래서 해외 진출을 하지 못하는 은행은 국내에서 규모를 키우기 어렵게 해야 한다고 주장한다. "대형 금융지주회사의 자산 규모는 이미 한국의 1년 예산 규모보다 훨씬 커졌다. 한두 개의 금융지주회사라도 부실화되면 재정으로 감당할 수 없을 정도다. 현재의 금융구조가 유지되는 상태에서 가계부채 문제의 현재화 등 심각한 위기가 온다면 한국 경제가 겪을 어려움은 1997년 IMF 사태 때보다 훨씬 더 클 것이다."

결국 우리 금융업도 해외 진출이라는 승부수가 필요하다. 정유신 핀테크지원센터장은 해외 핀테크 기업에 국내 시장을 잠식당할까 두려워하는 대신, 해외시장을 향해 진격하는 적극성이 필요하다고 말한다. "선진 글로벌 은행들은 기회를 선점하기 위해 핀테크 기업에 대한 투자를 아끼지 않고 있습니다. 국내 금융기관들도 핀테크 기업을 경쟁자로 간주하기보다 동반 성장의 파트너로 인식하고 투자를 확대하는 것이 글로벌 시장으로 진출하기 위한 좋은 전략일 것입니다."

또한 핀테크산업은 한국의 고질적인 대출시장 양극화 문제를 해결할 단초를 제공해줄 것이다. 한국의 대출시장은 한쪽에서는 과잉 가계부채가 국민경제를 짓누르고, 또 다른 한쪽에서는 많은 사람들이 제도권 금융을 이용하지 못하고 사채업자의 약탈적 금융에 피해를 보고 있다. 각 연령대별 신용대출 현황을 살펴보면 은행대출을 받는 세대는 60대가 가장 많고, 20대가 가장 적다. 반면 고금리의 제2, 제3 금융권을 이용하는 비율은 20대가 가장 높다. 경제적으로 안정되지 않은 청년들이 가장 위험한 부채를 안고 있는 상황이다.

연령	은행	저축은행	대부업	여신사	보험
20대	61.5%	16.2%	14.6%	6.2%	1.6%
30대	76.4%	5.5%	9.5%	5.2%	3.7%
40대	79.2%	3.9%	7.4%	4.5%	5.0%
50대	81.2%	3.0%	6.3%	3.9%	5.7%
60대 이상	86.3%	1.4%	4.7%	2.9%	4.7%

정대영 송현경제연구소 소장은 그 이유로 이른바 서민 금융기관이라 불리는 신협, 새마을금고, 농·수협 단위조합, 상호저축은행 등이 제 역할을 못 하기 때문이라고 지적한다. 거기에다 자조적(自助的)인 풀뿌리 조직인 협동조합이 금융 분야에서는 생겨날 수 없는 제도적 문제도 있다. 협동조합기본법상 금융업과 보험업에서는 협동조합을 설립할 수 없기 때문이다.

만약 금융기관이 핀테크와 연계하여 빅데이터로 신용 상태를 정교하게 분석한다면, 대출이 가능한 사람과 불가능한 사람을 더욱 세분화할 수 있을 것이다. 이로써 국내 금융사는 고객층의 외연을 확장할 수 있고, 소비자들은 더 합리적인 대출을 받을 수 있다.

현금 없는 사회, 빅브라더의 출현인가

───

간편결제 서비스로 성장한 핀테크산업은 예금, 대출, 자산관리운용,

투자, 크라우드 펀딩, 보험 등으로 진화하며 금융을 혁신하고 있다. 그리고 금융 플랫폼은 연결성과 빅데이터를 기반으로 그 영역을 무한히 확장할 것이다. 이제 핀테크는 단순한 미래 기술을 넘어 국가경제의 새로운 먹거리로 자리매김했다.

그렇다고 현금 없는 사회가 장밋빛 미래만을 담보하는 것은 아니다. 예를 들어 스웨덴에서는 은행강도가 줄어든 대신 '멸종 위기 동물' 밀매시장이 갑자기 커지고, 각종 강도 사건과 사기 사건이 늘어나고 있다. 2016년에는 전체 인구(990만 명)의 15.6퍼센트가 이런 범죄를 당했다고 한다. 컴퓨터 관련 사기 사건도 1년 새 무려 56퍼센트나 급증했다. 문제가 심각해지자 스웨덴은 보안산업에 대한 투자를 아끼지 않는 등 현금 없는 사회의 부작용을 줄이기 위해 노력하고 있다. 또한 유럽연합에서는 급증하는 결제 사기를 줄이기 위해 2019년 9월부터 30유로(4만 원) 이상의 온라인 결제에 대해 다단계 인증을 요구할 예정이다. 즉 패스워드, 자신임을 확인해줄 디지털 식별 장치나 생체인식 데이터 등 세 가지 인증 방식 가운데 두 가지를 사용해야 한다.

핀테크산업의 확장은 금융제도의 개혁을 동반한다. 따라서 규제가 완화되면 안전성에 대한 요구 수준이 높아질 수밖에 없다. 더욱이 간편결제 서비스가 지문, 홍채, 손바닥 정맥, 안면 인식 등 생체인증 방식으로 발전하면서 생체정보까지 포함된 개인정보의 보안에 대한 요구가 한층 강해지고 있다. 이에 따라 보안산업이 빠르고 강력하게 성장하고 있지만, 과연 해킹에서 얼마나 안전할지는 의문이다.

하지만 현금 없는 사회가 초래할 가장 두려운 문제는 '감시사회'로의 진입이다. 미국 경제전문지 《포브스》는 현금 없는 사회의 시작은 "모든 돈을 국가의 통제 아래에 있는 계좌에 넣어놓는 것이나 다름없다"며 빅브라더의 출현을 경고했다. 전자결제는 모든 금융거래가 기록으로 남기 때문에 우리가 돈을 어디에 쓰는지 감시당할 가능성이 높다는 것이다.

이러한 감시사회로의 진입과 해킹에 대한 두려움 때문에 출현한 것이 바로 디지털화폐, 즉 가상화폐다. 가상화폐의 대표 격인 비트코인은 중앙 집중화된 금융에 반기를 들고 탄생했다. 그러나 법정화폐의 대안화폐로 등장한 가상화폐는 개인의 프라이버시를 보호하려던 '탈중앙화'의 가치를 잃고, 투자와 투기의 수단으로 변질되고 있다. 해킹과 감시사회의 위험을 피하면서 기술의 편리함을 누릴 방법은 무엇인가. 인류 역사에서 기술은 양면성을 가진 경우가 많았다. 건설을 도와주는 다이너마이트가 전쟁에서 많은 사람을 죽였으며, 최근 인공지능을 둘러싸고도 오히려 인류를 위협하는 기술이 될 것이라는 우려가 나온다. 이러한 논란들 속에서 한 가지 잊지 말아야 할 것은, 기술이 우리 삶에서 어떤 모습을 띨 것인지는 기술을 사용하는 우리가 결정한다는 점이다. 현금 없는 사회가 우리를 자유롭게 할 것인가 속박할 것인가. 이는 우리에게 달려 있다.

한국은 현금 없는 사회로 진입하고 있는가

심상구 PD

한 해의 마지막 날 오랜만에 친구 가족들과 저녁 모임을 가졌다. 식사 후 제야의 종소리가 울리기를 기다리면서 우리 친구들은 고스톱을 치기로 했다. 한동안 손대지 않은 화투패인지라 짝이 다 맞는지 일일이 확인하고 나서 패를 돌리려던 순간 다들 아차 하고 말았다. 가지고 있는 현금이 없어 판돈을 걸 수 없었던 것이다. 가정집에 카드 단말기가 있는 것도 아니고, 현금지급기가 있는 곳은 너무 멀었다. 그날 우리들은 허탈해하며 재야의 타종이 시작되길 기다렸다.

부지불식 중에 현금 없는 사회가 빠르게 다가오고 있다. 세계에서 가장 빠르게 현금 없는 사회로 진입하고 있는 스웨덴에서는 4000명 이상이 손등에 개인정보가 담긴 전자칩을 이식하고 다닌다. 이들은 인식기에 손등을 가까이 대고 살짝 흔드는 것만으로 결재를 끝낼 수 있다. SF 영화에 등장하는 미래의 모습 중 또 하나가 현실화된 것이다.

스웨덴 이상으로 현금 사용이 급속하게 줄어드는 나라가 바로 대한민국이다. 미국《뉴욕타임스》의 한 칼럼니스트는 현금 없는 사회와 관런한 기사를 내며, 가장 빠르게 현금 없는 사회로 진입하는 두 나라로 스웨덴과 우리, 대한민국을 예로 들었다. 세계인의 눈에 비친 우리나라의 탈현금화 정도를 가늠해볼 수 있다.

한때 월급날이면 은행에 가서 현금을 찾아 지갑을 두둑하게 채우곤 했다. 신용카드가 있었음에도 빳빳한 지폐를 채워 놓으면 한 달간의 고생이 위안받는 느낌이 들어서였다. 그런데 이제 월급날 다음날이면 지갑이 오히려 홀쭉해진다. 한 달 동안 지갑 속에 모아둔 법인카드 영수증을 다 빼내서 회사에 제출해버리기 때문이다. 현금으로 채울 필요가 없어서 얇아진 지갑은 이제 다음 월급날까지 한 장 한 장 늘어나는 영수증으로 다시 두꺼워질 뿐이다.

물론 현금 없이 다니다 보면 낭패를 겪기도 한다. 독실을 갖춘 음식점에서 사업하는 친구들과 식사할 때가 그렇다. 음식을 나르기 위해 몇 번씩이나 방을 들락거려야 하는 직원에게 팁을 주는 것은 이젠 흔한 일이다. 음식값은 돈 많이 버는 사업가가 낼 테니까 팁은 내가 줘야겠다고 생각하는 순간, 여지없이 난처해진다. 가지고 있는 게 카드뿐이기 때문이다.

이와 비슷한 상황은 취재를 갔던 스웨덴 현지에서도 엿볼 수 있었다. 해 질 녘 스톡홀름의 번화가 골목에는 거리의 악사가 하나둘씩 모여들어 연주를 시작한다. 퇴근길의 회사원들은 잠시 발길을 멈추고 음악을 들으며 하루의 피로를 풀어낸다. 그런데 거리의 악사들이 점점 줄고 있다고 한다. 모금함에 쌓이는 액수가 줄기 때문이다. 회사원들이 모금함에 돈을 넣고 싶어도 현금이 없어서 그냥 자리를 떠나게 된 것이다.

스톡홀름 북부의 자동차로 두 시간 거리에 있는 이케아 매장에서는 하루 동안 현금을 받지 않기로 한 적이 있다. 그랬더니 1퍼센트 미만의 고객들만이 현금 외 다른 결재 수단이 없어서 구매를 못했다고 한다. 그나마도 이들은 가구를 사려던 것이 아니라 매장 한 구석의 카페에서 음료를 사 마시려던 노년층이었다. 결국 이들에게는 무료로 음료를 제공했다고 한다. 최근 미국 뉴욕시는 현금을 아예 받지 않는 패스트푸드 식당이 급속히 늘어나자 이를 금지하는 법을 마련 중에 있다. 신용카드가 없는 저소득층을 위해서라지만 효과는 미지수다. 핀테크나 카드만으로 결제할 때의 업무 효율성이 너무 커서 업주들은 유혹에서 벗어나지 못할 것이다.

인터넷 세상에서는 경제적 약자가 디지털 약자로 전락하기 십상이다. 디지털 약자는 다시 경제적 불이익을 당해서 악순환이 이어질 수 있다. 핀테크와 전자화폐로 대변되는 현금 없는 사회에서는 더더욱 그렇다. 편의성만을 좇다 보면 사회가 더 각박하고 매정해지며 불평등이 더 심해진다는 우려가 나오는 이유다. 그렇다고 비관적으로 바라볼 것만도 아니다. 스웨덴의 노숙인들은 자활을 위한 잡지《빅이슈》를 판매하면서 핀테크로 잡지 대금을 받고 있다. 마찬가지로 음식점의 팁, 거리의 악사에 대한 기부도 핀테크로 하지 못할 이유가 없다. 음성으로 제어할 수 있는 기기들도 속속 등장하고 있어서 노년층도 전보다 더 쉽게 인터넷 환경에 적응할 수 있게 되지 않았는가. 기술 변화의 속도와 적응의 속도 차이에서 발생하는 문화지체현상을 기술로 극복할 수 있다는 게 아이러니하다.

明見萬里

8장

가상화폐와 블록체인,
거품인가 혁명인가

—

블록체인의 시대는 오는가

가상화폐는 지갑에 넣을 수도 없고 손으로 만질 수도 없는,

컴퓨터상에 숫자로만 존재하는 화폐다.

그런데도 제2의 인터넷 혁명으로 불리며,

가상화폐와 블록체인 기술의 패권을 잡기 위한 주도권 다툼이 치열하다.

전 세계에 거대한 소용돌이를 일으키고 있는 가상화폐의 실체는 무엇일까.

또 블록체인 기술은 어디까지 나아갈 수 있을까.

가상화폐와 블록체인,
거품인가 혁명인가

가상화폐란 무엇인가

—

최근 몇 년간 가상화폐 열풍이 전 세계를 휩쓸었다. 단돈 8만 원을 가상화폐에 투자해 300억 원을 벌었다는 사람이 있는가 하면, 이것 때문에 목숨을 끊었다는 사람도 있다. 또 '금의 뒤를 잇는 대체화폐'라고 치켜세워지는가 하면, '한순간의 거품으로 사그라들 광풍'으로 폄하되기도 한다. 전 세계에 거대한 소용돌이를 일으킨 가상화폐의 실체는 무엇일까?

가상화폐의 시작은 한 편의 짧은 논문에서 비롯되었다. 2008년 10월, 사토시 나카모토라는 익명의 개발자 혹은 개발 집단이 "나는 신뢰할 만한 제3의 중개인이 전혀 필요 없는, 완전히 당사자 간에 일대일로 운영되는 새로운 전자통화 시스템을 연구해오고 있다"라는 문구와 함께 9쪽짜리 논문을 내려받을 수 있는 링크를 인터넷에 올렸다. 〈비트코인: 개인 대 개인 전자결제 시스템〉이라는 논문은 그 통화 시스템을 '비트코인'이라고 명명했다.

논문이 발표되던 2008년은 '서브프라임 모기지 사태'로 글로벌 금융시장이 위기로 치닫던 때였다. 월가의 금융업체들은 무리한 신용창출로 도산위기에 빠졌고, 미국 정부는 세 차례에 걸친 양적완화 정책을 펼쳤다. 이것은 경기가 회복되면 인플레이션 쓰나미를 몰고 올 수도 있는 위험한 정책이었다. 그 와중에 금융위기의 주범인 금융회사의 경영진들은 정부 보조금으로 한 사람이 수천만 달러의 성과급을 챙기는 등 보너스 잔치를 벌였다. 시민들은 '은행들이 무분별한 파생상품 거래로 파산 지경에 이르렀음에도, 오히려 정부는 그 금융기관들을 살려내기 위해 돈을 팡팡 찍어내 내 돈의 가치마저 떨어뜨린다'며 크게 분노했다. 투자은행들의 모럴 해저드에 대한 시민들의 반발은 '월가를 점령하자'는 대대적인 시민운동으로 이어졌다.

비트코인은 바로 이런 맥락에서 탄생했다. 사토시 나카모토는 정부와 중앙은행이 독점적으로 발행하는 기존 화폐의 문제들을 비트코인이 해결해줄 것으로 확신했다. 컴퓨터 알고리즘을 통해 가상의 화폐를 발행하는 시스템을 만들고, 누구나 이 시스템의 화폐 발행에 참여하며, 참여자의 동의 없이는 화폐 공급량을 바꾸지 못하게 하면 가상화폐의 가치는 안정화된다고 생각한 것이다.

실제로 비트코인은 설계 당시부터 발행 총량이 2100만 개로 한정돼 있다. 21만 개의 블록이 생성될 때마다 발행되는 비트코인의 수를 절반으로 줄여 결국 0으로 수렴되도록 설계한 것이다. 즉 최초의 50BTC(비트코인)으로 시작한 블록당 채굴 보상은 25BTC, 12.5BTC, 6.255BTC 등 절반으로 줄어든다. 비트코인은 평균 10분에 한 블록이 추가되므로 대략 4년마다 21만 개의 블록이 생성된다. 따라서 채굴의 보상도 4년마다 절반이 되는데, 이를 '채굴반감기'라 한다. 이는 화폐를 무제한 발행하여 화폐가치가 떨어지는 일을 사전에 방지하겠다는 의도가 담긴 것이다. 실제로 주요국들의 양적완화 이후 안전 자산인 금과 비트코인의 가격은 한동안 꾸준히 상승해왔다.

신뢰의 네트워크, 블록체인

—

그렇다면 비트코인은 어떤 원리로 만들어질까? 사실 비트코인이 세상에 나오기 이전부터 가상화폐에 대한 많은 연구가 있었다. 특히 암호학자들은 국가나 은행과 같은 중앙집중화된 기관을 배제하고 개인 간의 직거래를 가능하게 하는 가상화폐 개발에 집중해왔다. 그들은 가상화폐가 개인의 권익과 자유를 보호해주리라 확신하며, 암호화 기술로 세상을 더 나은 곳으로 만들고 싶어 했다. 특히 사토시 나카모토의 유력한 후보로 거론되는 데이비드 차움은 "암호학으로 개인 프라이버시를 지키는 것에서 나아가 기존 거버넌스(지배구조)를 바꿀 수 있다"고 믿는다며, "다소 극단적일 수 있지만 고대 그리스로 돌아가 직접민주주의에 기여하고 싶다"고 말했다. 그는 가상화폐의 바탕이 되는 전자서명 기술과 암호학 관련 개념을 개발하고 제안한 사람으로 가상화폐의 아버지라 불린다.

그러나 암호학자들의 부단한 노력에도 디지털화폐의 이중지출 문제를 해결하기란 쉽지 않았다. 즉 한 사람의 휴대전화나 하드디스크에 보관한 디지털화폐를 다른 사람의 휴대전화에 복사했을 경우 어떻게 한 명만 소비하게 할 것인가가 관건이었다. 이 문제는 비트코인의 블록체인 시스템에 이르러서야 비로소 해결되었다.

블록체인(block chain)이란, 말 그대로 수많은 블록이 연결된 것을 뜻한다. 예를 들어 A가 B에게 1비트코인을 송금한다고 해보자. 우선 A는 그 거래정보를 비트코인의 블록체인 네트워크에 전파하고, 검증에 참여한 컴퓨터들이 이 정보가 옳은지 그른지를 검증한다. 이러한 검증 작업에 참여한 컴퓨터들을 '노드(NODE)'라고 부른다. 노드들은 경쟁적으로 여러 거래정보들을 모아 평균 10분에 한 개씩 블록을 만들고, 거래내역이 기록된 디지털 장부인 이 블록을 이전 블록에 이어붙인다. 노드들은 이렇게 만들어진 블록체인을 네트워크에 전파하고 과반의 노드들이 이 블록체인에 이상이 없음을 인정해주면 그 거래는 성사된다. 이때 거래정보는 영구적으로 변경 불가능하게 확정된다.

기존 거래 방식(중앙집중형 시스템)

블록체인 방식(분산원장기술)

　　이렇게 블록 생성에 성공한 노드에게는 보상으로 비트코인(12.5BTC)
이 주어지는데, 이 과정이 마치 광산에서 금을 캐는 것과 같다고 하여
'채굴'이라고 부른다. 이 '채굴'만이 비트코인의 유일한 발행방식이다.
이상과 같이 수많은 노드들의 참여와 이들의 거래인증 정보가 담긴 블
록 생성 과정을 통해 A에게서 B에게로 1비트코인의 전송이 완료된다.

　　그런데 수많은 인터넷 거래 방법 중에 블록체인이 특별한 이유는
무엇일까? 우선 블록체인을 사용하면 은행과 같은 중앙집중 기관
의 개입 없이 개인과 개인 간의 거래, 즉 P2P 거래가 가능하다. 그렇
다 보니 수수료가 거의 없고, 은행에 가지 않아도 되며, 프라이버시
가 보장된다. 또한 블록체인 시스템은 수많은 컴퓨터들이 거래장부,
즉 원장을 관리하는 분산원장(distributed ledger) 방식이기 때문에 사람(주
체)을 신뢰하지 않고 시스템을 신뢰하도록 설계되어 있다. 블록체인은
'해시함수'와 '비대칭 암호화' 기술로 이를 구현했다. 해시함수는 거래

내역이 변조되지 않았음을 보장해주고, 비대칭 암호화는 거래를 요청한 사용자의 신원을 보장해준다. 이런 암호화 기술들이 사용되기 때문에 가상화폐는 '암호화폐(cryptocurrency)'라고도 불린다. 이로써 블록체인은 조작이 불가능한 디지털 장부를 관리할 수 있는 '신뢰의 네트워크'를 형성하게 된다.

하지만 이렇게 원대한 뜻을 품은 비트코인이 처음부터 주목받은 것은 아니다. 발행한 지 1년이 지난 뒤에도 1비트코인의 가격은 0.4센트, 우리 돈 4원에 불과했다. 비트코인이 실제 거래에 사용된 것은 2010년이다. 라스즐로라는 사람이 1만 비트코인으로 피자 두 판을 샀는데, 당시 가치로 환산하면 약 4만 원 정도 되는 돈이었다. 그런데 8년이 지난 2018년 초의 비트코인 가치로 환산해보면 1만 비트코인은 무려 400억 원에 이른다. 라스즐로는 피자 두 판을 400억 원에 산 셈이다.

피자 두 판을 사기 위해 1만 비트코인을 지급해야 했던 2010년과 지금은 너무나도 많은 것이 바뀌었다. 8년 만에 비트코인 가격은 수백만 배 상승했고, 비트코인으로 물건을 살 수 있는 상점도 많아졌다.

가상화폐를 둘러싼 이상과 현실의 차이

일본은 가상화폐의 천국이라 불릴 정도로 가상화폐 거래가 활발한 나라다. 이를 방증하듯 일본의 거리 곳곳에서 가상화폐 광고들을 쉽게 찾아볼 수 있다. 번화가의 가장 좋은 광고판을 가상화폐 광고가 차지할 정도다.

일본의 대형 가전제품 판매업체인 빅카메라의 매장 곳곳에는 비트코인으로 물건을 구매할 수 있다는 안내문이 걸려 있다. 비트코인 거래는 생각보다 간단하다. 카운터에 배치된 기계에 휴대전화를 대고 QR코드를 인식하면 바로 지불이 완료된다. 빅카메라는 전국 모든 매장에서 비트코인을 사용하게 하는 등 지불방법을 다양화하여 고객층의 저변을 확대하고 있다.

일본에서 가상화폐 결제가 가능한 상점은 2017년 기준 26만 곳에 달한다. 가상화폐 이용자들은 비트코인을 사용할 수 있는 가게를 알려주는 앱인 비트맵을 보며 상점을 찾아다니기도 한다.

이렇듯 가상화폐 결제가 활발해진 데에는 일본 정부의 역할이 컸다. 일본은 현금 결제율이 70퍼센트에 이를 정도로 여전히 현금을 많이 사용하는 나라다. 하지만 2020년 도쿄올림픽을 '동전과 지폐가 필요 없는 올림픽'으로 선언하면서 가상화폐를 정책적으로 장려하고 있다. 2017년 4월 통과된 자금결제법은 가상화폐를 기존 화폐와 같이 지급결제 수단으로 인정했다.

그런데 2018년 2월 일본의 가상화폐 거래소인 코인체크가 해킹된 이후 일본 정부도 가상화폐 규제를 강화하는 쪽으로 정책을 선회하고 있다. 코인체크 해킹 사건으로 투자자들은 580억 엔, 우리 돈으로 6000억 원을 한순간에 잃었다. 하지만 아직까지도 피해자들에 대한 보상은 불투명하다.

　전 세계 어디서나 빠르고 간편한 개인 간 거래를 목표로 하는 가상화폐는 수많은 컴퓨터가 연결된 블록체인 네트워크에서 거래되어야 보안성이 강화된다. 하지만 현실에서는 네트워크와 분리된 가상화폐 거래소에서 언제 해킹될지 모르는 불안정한 상태로 유통되고 있다. 거래소는 가상화폐를 개인이 사고팔 수 있도록 중개만 할 뿐이다. 다시 말해, 거래소에서 가상화폐를 산다고 해서 거래장부를 공유하는 블록체인 네트워크에 참여하는 것은 아니라는 뜻이다. 거래소에서 가상화폐를 사는 사람들이 증가한다고 해서 블록체인의 보안성이 강화되지는 않는다. 가상화폐가 급부상하면서 가장 크게 성장한 곳이 가상화폐 거래소다. 거래소는 가상화폐를 사고팔 때 받는 수수료가 주 수익원인데, 국내 4대 거래소는 2017년 수수료만으로 약 7000억 원의 매출을 올렸다.

　사토시 나카모토는 가상화폐가 블록체인 네트워크 안에서 제3자의 개입 없이 개인과 개인끼리 거래되길 바랐다. 그런데 현실 세계에서는 처음 생각과 무관하게 거래소에서 가상화폐를 사고팔게 되었다. 그 결과 법정화폐를 대체하고자 했던 가상화폐의 본질은 사라지고 투자와 투기만이 난무하고 있다. 2010년 초에 4원이던 1비트코인은 2017년 말 2000만 원을 돌파했을 정도로 거품이 정점에 이르렀다.

　상황이 이렇다 보니 각국 정부는 가상화폐에 경계심을 갖게 되었다. 한때 전 세계 가상화폐 시장의 80퍼센트를 점유했던 중국은 2017년

◆비트코인 가격 추이

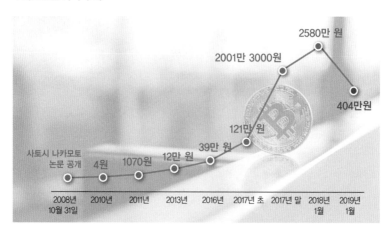

비트코인은 2010년 초 4원이던 가격이 2018년 초 2000만 원을 돌파할 만큼 크게 오르며 투기의 수단으로 변질되었다. 이후 불안정성과 정부 규제 등의 요인으로 하락하며 전망이 교차하고 있다.

가상화폐의 채굴과 거래를 금지했다. 가상화폐가 외국으로 위안화를 빼돌리는 수단으로 사용될 수 있다는 우려 때문이었다. 우리나라 정부도 한때 '가상화폐 거래소를 폐쇄하겠다'고 발표해 온 나라가 들썩이기도 했다.

가상화폐는 불법적인 거래에 이용된다는 문제점도 있다. 2013년 폐쇄된 실크로드 사이트에서는 마약, 총기, 불법 동영상 같은 암흑가의 상품들이 10억 달러(1조 원)어치 이상 비트코인으로 거래되었다. 세금 문제도 발생한다. 가상화폐는 과세 근거를 마련하기가 쉽지 않다. 그 때문에 가상화폐로 증여, 상속 등을 하게 되면 국가는 세금을 거둘 근거가 없다. 탈세의 목적으로 악용될 소지가 충분한 것이다. 이처럼 가

226

상화폐는 창시자들이 애초에 품었던 이상과는 달리 많은 문제점을 낳고 있다.

새로운 세상을 꿈꾸는 블록체인 스타트업

─────

이토록 많은 문제점에도 많은 나라들이 가상화폐의 핵심 기술인 블록체인에 주목하고 있다. 그 이유는 무엇일까? 세계경제포럼은 '사회를 뒤바꿀 21가지 기술' 중 하나로 블록체인을 지목했다. 2023년쯤이면 각국 정부가 블록체인으로 세금을 거둘 것이고, 2027년에는 전 세계 GDP의 10퍼센트가 블록체인으로 보관될 것이라는 전망도 나온다. 중국에서도 가상화폐 거래는 금지되었지만 블록체인은 그렇지 않다. 중국 공산당의 13차 5개년 계획에는 블록체인 개발이 포함되어 있다. 중국 역시 블록체인을 미래의 기술로 보고 있는 것이다. 블록체인의 가능성에 왜 이토록 집중할까.

실리콘밸리가 있는 미국 샌프란시스코는 각종 스타트업이 밀집한 곳이다. 이곳에 아브라(ABRA)라는 블록체인 기반의 스타트업이 있다. 아브라는 '더 나은 송금 앱'이란 영문의 줄임말로, 가상화폐 기반의 디지털 지갑 서비스다. 아브라를 이용하면 가상화폐를 통해 전 세계 50개 이상의 화폐로 자유롭게 환전이 가능하며, 비싼 수수료 없이 빠르고 간편하게 국제 송금 거래도 할 수 있다. 아브라의 창업주는 20여 년 전, 검색 브라우저 넷스케이프를 개발하며 인터넷 혁명을 이끈 빌 바르힛이다. 그가 이 회사를 만든 것은 블록체인 기술의 새로운 가능성 때문이다.

"비트코인 같은 공개형 블록체인으로 모든 금융거래의 중간 단계를 없앨 수 있어요. 은행이나 웨스턴 유니언(Western Union, 세계 최대 송금결제 네트워크 기업) 같은 중간 매개자 없이 개인 대 개인으로 돈을 보낼 수 있는 거예요."

블록체인은 금융 분야 외에도 다양한 산업 분야에서 응용되고 있다. 미국 텍사스주의 수도인 오스틴시는 세계적인 차량공유 업체인 우버가 있던 곳이다. 그러나 우버는 교통 당국과의 마찰로 2016년 철수했다. 우버가 철수한 뒤로 약 1만 명에 달하는 운전자들이 일자리를 잃었다. 이런 경험을 바탕으로 탄생한 것이 블록체인 기반의 스타트업 아케이드시티다. 이 회사는 우버를 대신하는 차량공유 서비스 애플리케이션을 개발하고 있다. 우버 운전자 출신인 창업자 크리스토퍼 데이비드의 목표는 우버의 한계를 극복하는 것이다. "우버는 2019년에 기업공개를 할 예정입니다. 우버 설립자와 관련자들은 수백만 내지 수십억 달러를 벌게 되겠죠. 하지만 운전자는 아무것도 얻지 못합니다."

1년 전부터 아케이드시티 애플리케이션을 사용하고 있는 운전자 리치는 요금을 비트코인, 이더리움, 대시 같은 가상화폐로 받고 있다. 기존의 우버 운전자들은 요금의 30~40퍼센트를 본사에 수수료로 지급해야만 했다. 하지만 블록체인으로 기사와 이용자를 직접 연결하는 아케이드시티를 사용한 후부터는 이런 불평등한 수익분배 구조가 개선됐다.

"제가 받은 요금을 누구에게도 줄 필요가 없습니다. 받은 돈의 100퍼센트를 제가 가집니다. 아케이드시티로 빠져나가는 돈은 없습니다. 아케이드시티는 승객들에게는 기사와 차량을 선택할 기회를 주고, 기사들에게는 돈을 떼이지 않고 벌 기회를 주는 커뮤니티입니다."

우버와 같이 공유경제 모델을 표방했던 기업들은 막대한 수수료를 이익으로 챙김으로써 거대한 글로벌 기업으로 성장했다. 《블록체인 혁명》의 저자 돈 탭스콧은 "왜 우버라는 60조 원짜리 회사가 필요한가? 블록체인상의 분산 앱으로 진짜 공유경제를 만들 수 있다"고 말한다. 그는 우버와 에어비앤비 같은 P2P 기반 사업모델은 진정한 공유경제가 아니며 블록체인으로 대체 가능하다고 주장한다. 아케이드시티 또한 돈 탭스콧의 주장에 동의한다. 크리스토퍼 데이비드는 블록체인이야말로 진정한 공유경제를 실현해줄 기술이라고 말한다.

"공유경제의 미래는 참여자인 운전자와 이용자가 주인이 되는 분권화된 시장원리에 따라 결정될 것입니다. 현재 아케이드시티는 시장에서 이런 모델을 구현하는 유일한 곳입니다."

한편, 일본의 한 소프트웨어 개발업체에서 얼마 전에 재미있는 실험이 이루어졌다. 블록체인을 이용해 주주들이 의결권을 행사한 것이다. 주주들은 한곳에 모이지 않고 자신이 원하는 곳에서 스마트폰으로 자기 신고와 등록, 찬반 투표, 의결 확인까지 할 수 있었다. 투표 결과의 위·변조가 불가능하고 진행 속도도 빠른 블록체인의 장점을 활용한 것이다. 이는 소액주주의 참여 확대로 이어져 상장회사의 운영을 더욱 투명하게 할 수 있다는 이점도 있다.

성공적인 실험을 마친 이 업체는 블록체인 기술의 활용 영역을 확장하고 있다. 최근에는 전기자동차의 충전 이력을 블록체인으로 관리하는 시스템도 개발 중이다. 개발에 성공하면 적은 비용으로 신뢰성 높은 충전 관리 시스템을 운용할 수 있을 것으로 기대된다.

다양한 응용이 기대되는 블록체인 기술

—

세계의 주요 금융기관들은 개인과 개인의 직접 거래를 통해 대형 금융기관을 배제하겠다는 의도로 개발된 블록체인과 가상화폐 시스템에 바짝 긴장했었다. 하지만 지금은 블록체인을 활용한 새로운 시도에 나설 정도로 시스템 활용에 적극적이다.

대표적인 것이 금융 블록체인 컨소시엄인 R3CEV다. 2015년 블록체인 스타트업 R3를 중심으로 뱅크오브아메리카, 도이체방크 같은 거대 글로벌 은행들이 공동으로 창립했다. 이전에는 A은행과 B은행이 거래를 하면 청산기관인 중간결제원에서 하루 단위의 거래를 모아 다음 날 상계처리로 청산을 해주었다. 은행은 이곳에 중개 비용을 내야 했고 결제에도 하루가 걸렸다. 블록체인을 활용하면 이런 중간 청산

과정을 없애고 비용과 시간을 절약할 수 있을 것이다.

글로벌 유통기업들도 유통 시스템에 블록체인을 활용하고 있다. 월마트는 IBM과 손잡고 블록체인 플랫폼을 활용한 식품안전망 구축에 나섰다. 우선 돼지고기 유통 과정에서 발생하는 주요 데이터를 입력·저장·공유할 수 있도록 블록체인 기반 플랫폼을 개발했다. 돼지가어떤 농장에서 태어나 어떤 사료를 먹었는지, 누가 언제 도축했는지 돼지고기 유통 전반에 관한 내용을 블록체인에 기록하는 것이다. 이방식을 사용하면 기록을 바꿀 수 없기 때문에 소비자는 안전한 먹거리 유통을 보장받을 수 있고, 공급자는 소비자에게 신뢰를 구축하여 브랜드 이미지를 강화할 수 있다.

한국에도 블록체인 기술을 활용하는 기업들이 늘어나고 있다. 성남시 분당구에 위치한 코인플러그는 블록체인 기술을 연구하는 스타트업이다. 대부분의 직원이 청년인 이 회사는 국내에서 최초로 비트코인 전자지갑과 비트코인 ATM기를 개발한 곳이다. 기술특허에 많은노력을 기울인 결과, 블록체인 관련 특허를 전 세계에서 두 번째로 많이 가지고 있는 기업이 됐다. 블록체인 기술을 기반으로 한 인증 서비스, ID 서비스, 저작권 관리 서비스, 멤버십과 멤버십 포인트 관리 등다양한 영역에서 특허를 땄다. 최근에는 건강 관련 블록체인 서비스를개발 중이다. 걸음 수 등 각종 건강정보를 블록체인으로 수집하여 보험료를 산정하는 보험사나 환자의 정확한 의료정보를 필요로 하는 병원에 제공할 예정이다. 어준선 대표는 "블록체인은 위·변조되지 않는

데이터들을 서로 공유하는 기반을 제공한다"면서 블록체인 기술을 비즈니스에 활용하는 이유를 밝혔다.

블록체인 업계에서 두각을 나타내고 있는 또 다른 스타트업 블로코는 2014년 설립되었다. 2018년까지 약 30건이 넘는 블록체인 관련 서비스를 개발해 기업들에 제공했다. 기업이 블록체인을 활용할 수 있게 기본 환경을 만들어주는 것이다. 그중 하나가 국내 대형 카드사와 함께 만든 블록체인 기반 인증 서비스다.

총 아홉 단계를 거쳐야 했던 기존의 로그인 서비스는 블록체인 인증 시스템을 접목한 후 다섯 단계로 줄어들었다. 최대 10분이 걸리던 로그인 시간도 2분으로 단축되었고, 운영비용도 10퍼센트로 감축되었다.

블록체인의 미래를 낙관하는 사람들은 이 기술이 정치적 변화까지 가져올 거라고 말한다. 특히 블록체인을 적용하기 가장 좋은 영역으로 '선거'를 꼽는다. 개개인의 투표 의견이 암호화돼 정확하게 집계·반영될 수 있기 때문이다. 블록체인 기반 투표는 조작과 해킹을 근본적으로 막을 수 있기에 선거 때마다 불거지는 투·개표 조작 의혹이 원천적으로 봉쇄될 것이다. 이미 스페인과 호주의 일부 정당은 블록체인 기반의 투표방식을 사용하고 있다. 당원들의 직접투표로 당을 이끌어가는 것이다.

한국에서는 2017년 경기도가 첫발을 내딛었다. 주민제안 공모사업 결정을 위한 주민투표에 블록체인 기술을 적용했던 것이다. 그전에는

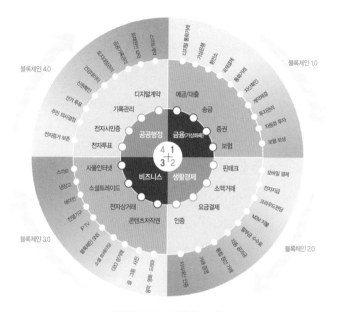

(출처: 한국정보화진흥원, 2018)

공동체 대표들만 투표에 참여할 수 있었지만, 블록체인 기술의 도입
으로 구성원 전체가 투표에 참여할 수 있게 되었다. 중앙선거관리위
원회도 블록체인 기술을 기반으로 한 온라인투표 시스템을 개발하여
2018년 11월에 시범 실시한 바 있다.

한국정보화진흥원이 2018년 4월 발표한 보고서 〈지능형 정부 추진
을 위한 블록체인 동향분석 및 시사점〉에 따르면, 블록체인 기술은 네
단계로 발전해갈 것이라고 한다. 도입기에는 주로 송금 등 금융 분야
에서 블록체인 기술이 발전하지만, 블록체인 2.0시대에는 모바일 결

제, 거래증명 등 생활경제 분야로 확대된다. 그리고 3.0시대에 이르면 사물인터넷, 콘텐츠저작권 같은 산업 간 융합 등 비즈니스 분야에 널리 적용되고, 마지막 정착기인 블록체인 4.0시대에는 전자투표 등 정부 서비스 기반에 접목되어 국가 인프라로 자리 잡는다는 것이다.

이렇듯 블록체인은 경제와 사회 전반의 변화를 주도할 가능성이 충분하다. 인터넷이 우리 삶의 방식을 완전히 바꿔놓았듯이, 제2의 인터넷혁명이라 불리는 블록체인 기술 또한 우리의 삶을 또 다른 수준으로 변화시킬 것이다. 그리고 이것은 인터넷이 그랬듯이 블록체인 기술이 쓰이는지도 모르고 당연히 받아들이는 생활의 일부가 될 확률이 높다.

가상화폐가 법정화폐를 대체할 수 있을까

—

가상화폐가 법정화폐를 대체할 것인지에 대해서는 의견이 분분하다. 다만 현재의 가상화폐는 안정적이지 않기 때문에 화폐로서의 기능을 수행하기 어려울 것이라는 공감대가 세계적으로 형성되어 있다. 현재로서는 등락이 심하기 때문에 교환의 매개 기능, 가치 척도의 기능, 가치 저장의 기능을 할 수 없다는 것이다. 따라서 국제결제은행(BIS)과 주요국 중앙은행은 비트코인과 같은 가상화폐를 '화폐'라기보다 수요와 공급에 따라 가격이 정해져 거래되는 금융상품, 즉 '암호자산'이라고 평가하고 있다.

최초의 가상화폐인 비트코인이 2009년 처음 등장한 이래 10년도 지나지 않아 2000여 종의 가상화폐가 전 세계에서 거래되고 있다. 사실 사토시가 처음 제안했던 비트코인과 블록체인에는 몇 가지 문제점이 있다. 우선 거래에 10분이나 걸리고, 채굴에 전기가 너무 많이 소모되며, 초당 거래 건수도 3~7건 정도로 대중화하기에는 역부족이다. 참고로 카드회사인 비자는 현재 초당 1000~2000건의 거래를 처리하는데, 이론적으로는 1초에 5만 6000건까지 처리 가능하다고 한다.

　이런 비트코인의 단점을 보완하기 위해 대안 가상화폐인 알트코인(alternative coin)들이 무수히 세상에 나왔다. 그중 대표적인 것이 이더리움과 리플이다.

　러시아계 캐나다인인 비탈릭 부테린이 제안한 이더리움은 비트코인의 암호화폐 개념에 플랫폼 개념을 더한 것이다. 이더리움에는 컴퓨터 코드로 미리 설정한 특정 조건이 충족되면 자동적으로 계약이 이행되는 '스마트 계약' 기능이 있다. 이 기능 덕분에 이더리움은 거래기록뿐 아니라 계약서, 유통과 게임, 미디어, 에너지, SNS, 이메일, 전자투표 등 다양한 산업 분야와 애플리케이션에서 쉽게 사용될 수 있다. 비트코인처럼 이더리움도 발행량이 정해져 있는데, 이더리움 소유자의 사망이나 손실분을 감안하면 향후 약 1억 개 정도에서 평형상태를 이룰 것으로 예상된다.

　현재 비트코인 다음으로 가치가 높은 리플은 기존 화폐들을 대체하기 위해서가 아니라 기존 화폐들 간의 더욱 빠르고 저렴한 국제송금을

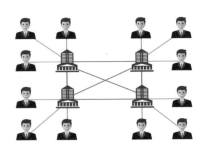

| 공개형 블록체인 | 폐쇄형 블록체인 |

공개형 블록체인은 누구나 네트워크에 참여할 수 있는 반면, 폐쇄형 블록체인은 별도의 인증방식을 통해 참여를 제한한다.

위해 태어났다. 리플의 자체 화폐인 XRP코인을 이용하면 기존 은행보다 80퍼센트 이상 저렴하고, 열 배 이상 신속하게 송금할 수 있다. 또한 리플은 기존 가상화폐들처럼 누구나 거래의 검증자로 참여 가능한 분산형 구조가 아니라 사전 검증된 몇몇 주체들만 검증자로 허용되는 폐쇄형 블록체인을 택했다.

　블록체인은 크게 공개형 블록체인과 폐쇄형 블록체인으로 구분된다. 공개형 블록체인은 말 그대로 누구나 블록체인 네트워크에 참여할 수 있는 것을 말한다. 누구나 거래장부를 나눠 가질 수 있으며, 그 내역을 검증할 수 있다. 반면에 폐쇄형 블록체인은 특정 기업에서 내부망이나 별도의 인증방식을 통해 참여를 제한한 블록체인이다. 따라서 리플은 비트코인과 같은 탈중앙 분산화의 이념을 품지 않은 가상화폐다. 그밖에도 스텔라, 비트코인 캐시, 이오스, 라이트코인, 테더, 대시

등 무수한 알트코인들이 거래되고 있다.

세상에 공짜 점심은 없다

—

전 세계 가상화폐 시황을 중계하는 코인마켓캡에 따르면, 2019년 1월 7일 기준 가상화폐의 전체 시장 규모는 약 155조 원이고, 1일 거래량은 약 20조 원에 이른다. 우리나라의 경우 최소 300만 명이 가상화폐에 투자했다고 한다. 주식에 투자하는 사람이 약 500만 명 정도이니, 가상화폐는 등장한 지 얼마 되지 않아 주식에 버금갈 만큼 투자자들을 끌어들인 것이다. 이제 가상화폐는 어떤 나라도 무시할 수 없는 거대한 실체로 성장했다.

그러나 전 세계 오피니언 리더들 사이에서는 가상화폐에 대한 찬반 여론이 팽팽하게 맞선다. 애플의 공동창업자 스티브 워즈니악은 "비트코인이 금이나 달러보다 안정적"이라는 평가를 했고, 야후의 공동창업자 제리 양은 "디지털 화폐가 우리 사회에서 중요한 역할을 할 것"이라며 가상화폐를 치켜세웠다. 반대 의견도 만만치 않다. 투자의 귀재인 워런 버핏은 "가상화폐가 나쁜 종말을 맞을 것이라는 점은 분명하다"고 말했고, 유시민 작가는 "가상화폐는 경제학적 의미의 '마켓'도 아니고 그냥 엔지니어들의 아이디어로 나타난 이상한 장난감"이라 평가했다.

그 때문에 가상화폐에 투자할 때는 어떤 목적으로 코인을 만들었는지, 투자자를 보호해주는 장치는 마련되어 있는지 등 해당 가상화폐의 개별적인 상황을 잘 살펴보아야 한다. 확실한 것은 가상화폐들이 제도권 안으로 들어올 거라는 사실이다. 실명거래를 원칙으로 하는 등 규제도 당하겠지만 투자자의 피해를 최소화해줄 조치들도 뒤따를 것이다. 모험적 투기는 줄어들 것이고, 코인의 옥석을 가리는 진정한 의미의 시장이 형성될 것이다.

가상화폐는 말 그대로 가상의 돈이다. 호주머니에 넣을 수도 없고 손으로 만질 수도 없는, 컴퓨터상에 숫자로만 존재하는 화폐일 뿐이다. 그런데 실체가 없는 이 가상화폐가 일확천금의 꿈으로 세상을 들썩여 놓았다. 그러나 '세상에 공짜 점심은 없'는 법이다.

한국은 블록체인 산업에서 어느 나라보다 큰 잠재력을 가진 IT 강국이다. 2000년을 전후해 전국을 인터넷망으로 연결한 광대역 통신망은 세계 최고 수준의 IT 인프라로 성장해 외환위기를 극복하는 동력이 됐다. 2020년을 앞두고 블록체인과 함께 찾아온 IT 혁명은 우리에게 또 한 번 도약할 기회를 제안하고 있다. 이제 누가 먼저 블록체인 플랫폼을 선점하느냐에 따라 권력의 지형도가 바뀔 것이다. 블록체인의 패권을 잡기 위한 주도권 다툼은 더욱 치열해질 것이다. 새로운 블록체인 시대를 맞아 우리 사회와 정부의 발 빠른 대응이 필요한 시점이다.

가상화폐와 블록체인은
미래를 선도할 기술 혁명인가

황진성 PD

돌이켜보면 이상 열풍이었다. 2018년 새해 벽두부터 대한민국에 가상화폐 또는 암호화폐라는 이름도 생소한 '화폐'에 대한 투자 열풍이 불었다. 덩달아 블록체인이라는 낯선 개념도 상종가를 쳤다. 열풍이 식고 쓰나미가 지나간 지금 가상화폐 투자자들에게는 반 토막 난 원금과 허망함만 남았다. 순식간에 사회적 이슈로 떠오른 가상화폐와 블록체인은 과연 미래를 선도할 기술적 혁명일까, 아니면 17세기 네덜란드를 뒤흔들었던 튤립버블처럼 한순간 사그라들 거품일까. 취재는 바로 이 질문에서 시작됐다.

한국에서 초기 가상화폐 투자 열풍을 주도한 세력은 20~30대 청년층이다. 첫 취재 대상도 스터디그룹을 만들어 가상화폐를 공부하고 투자하던 서울의 대학생들이었다. 20여 명으로 구성된 이 그룹은 면접을 보고 신입 멤버를 선발할 정도로 가입 경쟁률이 높았다. 이들은 새로운 정보에 밝았고, 상대적으로 난해한 가상화폐와 블록체인 시스템을 쉽게 이해했다. 이들이 올린 투자수익도 대단했다. 많은 학생들이 아르바이트나 용돈으로 모은 종잣돈 100만 원 정도로 수천만 원, 심지어 수억 원까지 수익을 올린 상태였다. 당시 취재진이 만난 대학생 가상화폐 스터디그룹 멤버의 얘기다.

"주식이나 부동산은 이미 많이 올라 청년들이 투자하기 힘든 상태죠. 가상화폐는 언제든지 돈을 넣으면 누구나 시작할 수 있잖아요. 가상화폐는 공명정대하게 내가 노력한 만큼 정보를 얻을 수 있어요."

부동산과 주식 등 전통적 투자 수단은 초기 투자금의 규모가 크고, 투자 정보에 대한 접근도 중장년층이 상대적으로 유리한 분야다. 반면 새로 등장한 가상화폐는 젊은 세대가 정보를 얻고 시스템을 이해하는 데 더욱 유리해 적은 돈으로도 신속한 투자가 가능하다. 기성세대에 비해 재산이 없고 투자 정보로부터 소외돼 상대적 박탈감을 느끼던 젊은 세대가 가상화폐 투자에 매력을 느낀 이유다. 가상화폐와 블록체인이 가져올 장밋빛 미래에 대한 이들의 믿음은 확신에 가까웠다.

블록체인 시스템을 통한 최초의 가상화폐 비트코인을 처음 만든 사람은 사토시 나카모토라는 필명을 쓰는 프로그래머 개인 혹은 집단이다. 비트코인은 2009년 1월 세상에 첫선을 보였다. 비트코인을 통해 사토시가 이루려던 꿈은 원대하고 이상적이다. 기존 법정화폐는 각 나라의 중앙은행이 독점적으로 발행하고 화폐의 권위는 정부가 보증한다. 화폐발행권을 가진 중앙은행과 정부는 경제정책을 좌우하고 경제

구조를 결정한다. 2008년 무분별한 파생금융상품 거래로 글로벌 금융위기를 초래한 월가의 투자은행들을 구제한 것은 미국 정부의 양적완화 조치였다. 이를 통해 이익을 본 것은 미국 경제와 월가였다. 하지만 수많은 서민들은 집을 빼앗기고 실직했으며 빈곤의 나락으로 떨어졌다. 이런 현상을 목격한 사토시 나카모토는 화폐발행권을 가진 중앙집중화된 권력이 다수 서민을 위해 움직이는 대신 부와 권력을 가진 소수의 이익을 대변할 뿐이라고 생각했다. 그는 소수의 이해관계로부터 독립된 화폐를 만들어 유통시키기로 마음먹었다. 이른바 화폐발행권과 유통의 민주화를 이루자는 것. 그렇게 탄생한 것이 바로 가상화폐 비트코인이다.

그렇다면 탈집중화된 시스템을 이용해 누구나 믿고 손쉽게 유통할 수 있는 화폐를 어떻게 만들 것인가. 여기서 블록체인 기술이 등장한다. 중앙은행이 발행한 법정화폐가 권위를 가지는 것은 정부라는 강력한 기관의 보증이 있기 때문이다. 가상화폐에 정부와 같은 존재가 바로 블록체인이다. 블록체인은 가상화폐에 신용과 권위를 부여하는 컴퓨터 알고리즘이다. 블록체인에 참여하는 수많은 개인이 블록체인 시스템을 통해 발행된 가상화폐의 유통을 검증하고 보증한다. 중앙집중화된 권력이 아닌 블록체인에 참여하는 개인이나 집단에게 화폐발행의 권한을 돌려주는 것이다. 가상화폐 시장의 대장주로 불리는 비트코인은 바로 이런 원대한 꿈의 산물이다.

비트코인이 탄생한 지 10년 만에 2000여 종에 달하는 알트코인(비트코인을 제외한 모든 가상화폐를 일컫는 용어)이 생겨났고 가상화폐는 세계 각국에서 무시할 수 없는 '자산'으로 자리 잡았다. 하지만 창안자의 원대한 꿈에 비해 현실은 초라하다. 탈중앙화된 자율적 개인 간의 신뢰를 바탕으로 신속한 거래를 매개할 것이라던 기대와 달리, 가상화폐는 거래소를 통한 투기의 대상으로 전락했다. 가상화폐 거래소는 블록체인 시스템으로부터 분리된 곳이다. 거래소에서 가상화폐 매매가 증가한다고 해서 블록체인 시스템의 안전성이 증가되는 것은 아니다. 게다가 최근 거래소들의 탈법과 도덕적 해이는 가상화폐에 대한 신뢰를 더욱 떨어뜨리고 있다. 그 결과 한때 2000만 원에 달하던 비트코인 가격은 현재 400만 원대로 추락했다.

그렇다면 블록체인 기술은 어떤가? 어떤 사람은 투기 수단으로 전락한 가상화폐를 포기하고 블록체인 기술만 발전시키면 되지 않느냐고 주장한다. 과연 가상화폐와 블록체인은 분리 가능한 이란성 쌍둥이일까, 아니면 분리가 불가능하게 결합된 샴쌍둥이일까. 이에 대한 전문가들의 의견도 일치하지 않는다. 다만 한 가지 확실한 것은 글로벌 금융기관들과 유통업체들이 블록체인 기술을 활용한 보안성 강화에 투자하고 있다는 점이다. 불특정 다수가 모두 참여할 수 있는 공개형 블록체인이 아닌, 신뢰할 수 있는 소수만 참여하는 폐쇄형 블록체인 네트워크를 통해 기존의 중앙집중화된 시스템의 유지, 관리에 드는 과도한 비용을 줄이고 안전성을 보완하려는 움직임이 일고 있는 것이다. 글로벌 기업들의 이런 동향과 아울러 세계 각국 정부도 블록체인 기술의 활용 가능성을 높이기 위해 중장기적 투자와 연구를 독려하고 있다.

첫 질문으로 다시 돌아가 보자. 가상화폐와 블록체인은 거품인가 혁명인가. 광풍이 지난 지금 우리에게 필요한 것은 차분한 회고와 성찰이다. 가상화폐에 대한 기대와 투자에는 적지 않은 거품이 있었다. 블록체인 기술은 그 잠재력에도 미래가 불투명하다. 이제 가상화폐에 대한 환상과 거품은 걷어내고 블록체인 기술이 가진 잠재력을 키워야 한다. 400년 전 튤립버블과 같은 파국적 상황이 되풀이되는 것을 막기 위해서라도 말이다.

4부

지역
Region

明見萬里

9장

도시는 어떻게
사람을 바꾸는가

—

단절된 도시의 연결성을 회복하라

明
見
萬
里

누구도 도시에서 혼자 살아갈 수 없다.

집에서든 거리에서든, 사람과 사람이 만나고 공간과 공간이 만나야 한다.

'연결'은 살기 좋은 도시의 필수 조건이다.

아무리 화려한 빌딩들로 가득해도

그 안에 사람이 살지 않는다면 그곳은 죽은 도시다.

도시를 만남과 교류가 이루어지는 공간으로 만들기 위해서는

어떤 노력을 해야 하는가.

도시는 어떻게
사람을 바꾸는가

단절된 도시의 연결성을 회복하라

세계적인 컨설팅 그룹 머서(Mercer)는 매년 전 세계 주요 도시들을 조사하여 '살기 좋은 도시(Quality of living)' 순위를 발표한다. 정치, 경제, 환경, 주거, 치안, 교육, 대중교통 등 삶의 질을 결정하는 여러 요소들이 종합적으로 고려되는 이 조사에서 2018년 서울은 231개 도시 중 79위, 부산은 92위를 기록했다. 같은 아시아 도시인 싱가포르가 25위, 도쿄와 고베가 공동 50위를 차지한 것과 비교하면 아쉬운 순위다.

서울은 시내 어디서든 바라다보이는 멋진 산들로 둘러싸여 있고 도시 한가운데로 넓은 강이 흐르는 자연환경을 자랑한다. 600년 조선왕조의 수도라는 유구한 역사가 숨 쉬는 동시에 '한강의 기적'이라는 말을 만들어낼 만큼 세계에서 가장 빠르게 발전한 도시이기도 하다. 이렇게 타고난 자연환경과 역동성을 함께 지닌 도시 서울은 이곳에 사는 시민들에게조차 '살기 좋은 도시'로 여겨지지 않는다. 역동적인 도시라는 긍정적인 평가 이면에는 '삭막한 도시', '답답한 도시', 심지어 '못생긴 도시'라는 평가까지 뒤따른다.

30여 년 전만 해도 이웃들이 오가며 서로 안부를 묻고 아이들이 함께 뛰놀던 골목길은 주차한 차들에 점령당한 지 오래고, 사방에 빼곡히 들어선 고층건물 때문에 하늘을 보기가 쉽지 않다. 서울은 어쩌다가 이렇게 아름답지 않은 도시가 되어버렸을까. 게다가 대한민국의 다른 도시들까지 점점 더 서울과 닮은꼴이 되어가고 있다.

"우리는 건축물을 만들지만 그 건축물은 다시 우리를 만든다"는 윈스턴 처칠의 말처럼, 시시각각 바뀌어가는 도시의 모습은 그 안에서 살고 있는 사람들에게 지대한 영향을 미친다. 전 인구의 2분의 1이 수도권에, 4분의 1이 서울에 사는 대한민국이 도시의 삶을 들여다봐야 하는 이유다. 한국에서 도시에 산다는 건 어떤 의미일까? 한국의 도시 풍경을 가장 크게 좌우하고 있는 두 가지, 아파트와 도로를 중심으로 우리가 살고 있는 도시를 한번 되짚어보자.

아파트, 욕망의 전쟁터가 되다

프랑스의 지리학자 발레리 줄레조는 1993년 한국을 방문했다가 도시를 가득 채운 대규모 아파트 단지에 큰 충격을 받아《아파트 공화국》이라는 책을 발간했다. 프랑스에서는 빈민주택의 상징인 아파트가 유독 한국에서는 도시 중산층에게 인기를 끄는 이유가 궁금해서 역사를 더듬고 사회경제적 배경과 사람들의 인식까지 조사했던 것이다. 그가 충격과 호기심을 느낀 것은 당연했다. 하늘에서 내려다보면 대한민국은 서울뿐 아니라 지방의 도시들까지 아파트 숲이 가득한데다, 그 높이도 날로 높아져 이제 60층이 넘는 아파트도 여럿이다. 지금 이 순간에도 줄기차게 지어지는 아파트들이 전국을 똑같은 풍경으로 만들어가고 있다. 도대체 아파트는 한국에서 언제부터, 왜 인기를 얻게 되었을까?

"처음 아파트촌을 먼발치에서 보고는 무슨 공장이 저렇게 빽빽이 몰려 있을까 싶었다. 그런데 사람들이 그 속에서 살림을 하고 산다는 것이다. 머리 위에서 불을 때고 그 머리 위에서 또 불을 때고, 사람이 사람 위에 포개지고 또 얹혀서 살림을 하고 살아간다는 것이다."

조정래 작가가 1973년에 쓴 소설《비탈진 음지》의 한 대목이다. 1964년 우리나라 최초의 단지형 아파트인 마포아파트가 완공되고 거의 10년 뒤에 나온 소설이지만, 당시 한국 사람들의 아파트에 대한 시각은 소설 속 그것과 크게 다르지 않았다. '닭장 같은 곳에 어떻게 살아. 사람이 땅을 밟고 살아야지' 하는 생각이었다.

그로부터 불과 30~40년 사이에 아파트는 대한민국에서 가장 보편적인 주거 형태가 되었다. 2016년 기준 전체 1669만여 호 가운데

1964년 우리나라 최초의 단지형 아파트인 마포아파트가 건설되면서 본격적으로 국가와 건설사가 주도하는 아파트 시대가 열렸다.

1003만 호가 아파트다. 무려 60퍼센트를 넘는 수치다. 전체 국민의 절반 이상이 아파트에 살고 있다는 이야기다. 아파트 관리비로 걷히는 돈만 연간 12조 원에 달한다.

흔히 한국에 아파트가 많은 이유로 좁은 땅덩어리에 많은 인구가 모여 살기 때문이 아닐까 추측한다. 그러나 서울보다 인구밀도가 훨씬 높은 파리에는 8층 이상 고층 주택이 별로 없다는 점이나(파리는 1제곱킬로미터당 2만 3000명, 서울은 1제곱킬로미터당 1만 7000명) 인구밀도가 낮은 한국의 중소도시나 농어촌에까지 고층 아파트가 건설되는 것을 보면 한국인의 아파트 사랑을 인구밀도 탓으로만 돌릴 수는 없다.

한국인들이 이렇게까지 아파트를 좋아하게 된 이유는 무엇일까? 그 답을 알기 위해서는 우리나라의 아파트 건설사를 돌아볼 필요가 있다.

1950~1960년대 황금시기를 거치면서 자본주의 국가들은 고도성장을 했다. 이때 서구권의 나라들은 국민의 생활환경을 개선하는 데

많은 돈을 쏟아부었다. 그 결과 동네마다 축구장, 도서관, 수영장 등이 생겨났다.

이에 반해 우리나라는 선진국과 같은 여력이 없었다. 경제성장에 전력을 쏟던 한국 정부는 도로나 항만 같은 산업 기반 시설에는 적극적으로 투자했지만, 녹지나 공공 공간 같은 생활 기반 시설은 턱없이 부족한 상태로 방치해버렸다. 그렇게 경제가 성장해 어느 정도 먹고 살 만해지자 자연히 살 만한 집과 동네에 대한 사람들의 관심이 높아졌다.

더 나은 주거 환경에 대한 국민들의 욕망이 폭발적으로 늘어나자, 정부는 '아파트 단지'를 해결책으로 내놓았다. 1960~1970년대 성장을 통한 근대화를 가치로 내세우던 시절, 아파트 단지는 집권층의 정책 방향과 정확히 맞물리는 산물이었다. 아파트를 한두 동이 아니라 단지로 지으면 정부가 도시환경에 투자하지 않고도 잘 정비된 '동네'까지 만들어낼 수 있었기 때문이다.

아파트에는 아궁이 대신 입식 부엌, 재래식 화장실 대신 수세식 화장실만 있는 것이 아니었다. 보통의 동네에는 없던 공원과 놀이터, 주차장, 경비실, 복지관, 쓰레기장도 함께 들어섰다. 아파트 단지는 그 자체로 누구나 부러워하는 '새 동네'였다. 결국 정부는 국민들에게 집만이 아니라 깨끗하고 안락한 동네까지 '구매'하게 했던 것이다. '새 동네' 만드는 일을 맡은 대형 건설사들은 공사뿐 아니라 설계와 분양까지, 노다지를 떠안게 되는 셈이니 정부의 정책을 두 손 들어 반겼다. 많은 학자가 우리나라 아파트 단지를 '건설사와 정부의 이해가 만든 합작품'이라고 비판하는 이유다. 국가가 공공예산으로 마련해야 할 부분을, 시민이 직접 구매하도록 떠넘겼다는 것이다.

우리나라 아파트가 천편일률적인 형태를 지니게 된 이유 역시 마찬가지다. 공동체에 대한 철학 없이 경제논리만을 따르던 건설회사가 아파트 내부와 외부 구조를 모두 공산품처럼 찍어냈기 때문이다.

어쨌거나 열악한 주거환경에서 벗어나고 싶었던 국민들도 다른 선택지가 없었기에 아파트를 반겼다. 아파트 단지에 들어가는 순간, 주차 문제로 이웃과 싸울 일도 없고 길가에 어지러이 쌓인 쓰레기를 보지 않아도 되었다. 아파트 단지는 사람들에게 사막 속의 오아시스 같은 존재였다.

아파트 단지는 1980년대 말 경기권의 신도시 개발을 거치며, 더욱 확산되었다. 분당, 일산, 산본, 평촌에 연이어 초고층 아파트 단지가 들어섰다. 많은 사람들이 아파트에 들어가길 원했던 탓에 아파트의 가치는 나날이 치솟았고, 1975년 9만 호에 불과하던 아파트 수는 점차 늘어 2016년 1000만 호를 넘어섰다. 2018년 한국의 아파트 단지는 2만 9000개 가까이 된다.

이제 대한민국에서 아파트는 단순히 아이를 낳아 키우고, 먹고, 자고, 늙어가는 공간 그 이상이 되었다. 대규모 아파트 단지에 입주했다는 것은 중산층에 진입했다는 일종의 '계급 신분증'을 획득한 것이며, 아파트는 그 무엇보다 확실한 '자산 증식'의 수단이다. 아파트 가운데서도 단지 내의 인프라가 좋은 대단지일수록 인기도 높고 가격도 비싸다. 아직도 도시의 주거환경이 좋지 않은 탓이다. 나라에서 만들어주지 않는 멋진 동네를 개인의 돈으로 구입했으니, 거기에 조금이라도 흠집이 나거나 가치를 떨어뜨릴 만한 일이 벌어지면 아파트 단지 주민들은 결사반대에 나선다. 집이 집으로서의 의미를 넘어서면서 아파트 단지는 경계가 점점 더 공고해지고 외부로부터 더욱 분리되어가고 있다.

물론 아파트 단지가 없었다면 대한민국이 오늘날과 같은 성장을 이루기까지 더 많은 시간이 소요됐을 수도 있다. 아파트 단지가 단기간의 집중적인 경제성장에 기여했다는 것만은 부정할 수 없는 사실이다. 그러나 국가의 역할을 온전히 사적 영역에 맡김으로써 생겨난 부작용도 만만치 않다.

소통하고 교류하는 빈의 아파트

─

다른 나라의 아파트도 우리의 아파트와 비슷할까? 머서가 선정한 '살기 좋은 도시' 순위에서 9년 연속 1위를 차지한 곳이 있다. 오스트리아의 수도 빈이다. 서울만큼은 아니지만 빈 역시 인구밀도가 높은 편이기에 아파트가 많다. 그런데 서울과는 어떻게 다르기에 빈은 세계에서 가장 살기 좋은 도시로 꼽힐까. 빈의 주거환경이 우리와 어떻

빈의 아파트 '하우스 미트 비에란든'의 발코니는 외부와 쉽게 소통할 수 있도록 특별히 고안되었다.

게 다른지 살펴보자.

빈의 아파트 '하우스 미트 비에란든'은 우리의 아파트와 외관이 조금 다르다. 발코니들이 외벽 밖으로 불쑥 튀어나와 있다. 아파트 주민은 발코니에만 나와도 이웃집이나 거리의 이웃과 쉽게 대화할 수 있다. 이는 아파트 주민이 외부와 쉽게 소통할 수 있도록 특별히 고안된 디자인이다.

이 아파트의 또 다른 특징은 길이다. 아파트 단지 경계에 담장을 치지 않아 외부 사람들도 누구나 아파트를 가로지르는 길을 마음껏 이용할 수 있다. 아파트 단지 뒤쪽 주택에 거주하는 사람들은 단지 앞쪽의 슈퍼마켓에 가기 위해 먼 길을 돌아가지 않아도 된다. 아파트를 가로지르는 개방된 통로를 만들어 거주민과 외부 사람들이 자연스럽게 접촉하게 함으로써 아파트 단지가 요새처럼 분리되지 않고 도시 안에서 연결되게 한 것이다.

빈의 사회주택 '자르크파브릭'은 이웃과 함께하는 삶을 누릴 수 있는 곳이다. 건물 안에 공동거실과 공동주방 등이 있고, 식당, 수영장, 공연장 등의 부대시설은 지역사회에 개방되어 있다.

　빈의 대표적인 사회주택 '자르크파브릭'은 공유와 개방이 아파트 단지의 삶을 어떻게 차별화하는지를 보여주는 모델이다. 이곳은 혼자만의 공간에 갇혀 사는 것보다 함께 어울려 사는 것이 행복하다고 생각하는 사람들이 함께 만들었다. 자르크파브릭에는 식당, 카페, 도서관, 공연장, 유치원, 옥상정원, 세미나실, 사우나 같은 부대시설이 있는데, 모두 지역사회에 열려 있다. 입주자는 물론 외부인도 연회원으로 가입하면 누구든지 저렴한 가격으로 사용할 수 있다. 외부를 향해 문을 개방한다는 자르크파브릭의 철학이 반영된 것이다. 입주민이 아니어서 불이익을 당하는 경우는 전혀 찾아볼 수 없다. 특히 수영장이 가장 인기 있는 공동시설이다.

　자르크파브릭을 설계하고 가족과 이곳에 살고 있는 건축가 프란츠 숨니치는 자르크파브릭이 이웃과 함께하는 공간이 되길 바란다. 그는 수영장을 외부에 개방한 이유를 이렇게 설명했다. "초창기 1년간은 수영장을 입주민에게만 개방했어요. 그랬더니 매일 같은 사람만 만나게 돼 너무 재미없고 지루하더라고요. 그래서 수영상을 외부인에게도 개방했더니 500명이 넘는 이웃들이 찾아왔어요. 수영장에 활기가 넘치자 입주민들도 수영장을 더 자주 찾게 되었어요. 이렇듯 가능한 한 많은 사람들이 공간을 통해 자연스럽게 소통하게 만드는 것이 우리 건축의 주안점이었습니다."

자르크파브릭은 단순한 주택이 아니라 지역의 문화공간 역할도 한다. 이곳에 있는 250석의 공연장은 빈에서도 상당히 유명하다. 주변에 문화시설이 없는 근처 유치원의 아이들이 공연을 보기 위해 자르크파브릭을 찾는다. 집이 외부인들과 함께 호흡하고 소통해야 더 큰 가치가 생긴다고 믿는 자르크파브릭의 입주민들은 최근 전체 회의를 거쳐 난민 가족을 입주자로 받았다고 한다.

건축가 숨니치가 디자인한 또 다른 공동주택 '믹스트 하우스'는 대학생 기숙사와 일반 주택이 공존하는 건물이다. 빈에는 이처럼 '서로 섞여 사는 주택'이 많다. 고소득층과 저소득층이, 청년과 노인이, 고학력자와 블루칼라 노동자가 함께 멋진 집을 구상하고, 같은 집에서 살아간다.

하지만 빈이 처음부터 이런 주거문화를 가지고 있었던 것은 아니다. 19세기까지만 해도 빈은 열악한 주거환경 때문에 '폐결핵의 수도'라고 불릴 정도였다. 당시 산업화가 급격하게 진행되면서 유럽의 다른 대도시들처럼 빈에도 노동자들이 몰려들었지만 이들을 수용할 곳이 마땅치 않았다. 빈은 우리나라와 달리 시민들의 주도하에 주택을 건설하기 시작했다. 시정부는 제도와 법령을 만들어 주택건설을 뒷받침했을 뿐이다.

빈에는 시민들과 시 공무원들이 참여하는 '게비츠 페트로니엄'이라는 일종의 논의 기구가 있다. 주택이나 길, 지역 전체에 대한 주민들의 요구를 듣고 시 행정에 반영하는 민관협의체인데, 주민들은 지금도 이런 소통공간을 통해 자신들의 집을 만들어가고 있다.

건축가 승효상 씨는 "빈은 주택 수요를 주민이 스스로 해결했다. 주민 스스로 자기 집을 어떻게 건설할 것인지 함께 의논하고 건설에도 직접 참여함으로써 주택에 대한 소유권을 스스로 획득했다"고 설명한다. 시정부는 공동주택 건축비의 상당 부분을 지원하는 한편, 월세 상한선을 정하고 주거의 질을 평가하는 등의 역할을 하고 있다.

빈의 '카벨베르크'라는 아파트는 주민이 직접 건설에 참여한 초창기 모델이다. 시 관계자, 정치인, 지역 주민, 입주자가 과거 전기선을 생산하던 공장터에 대규모 아파트를 짓기로 협의했다. 카벨베르크는 설계 단계부터 사회 통합을 주된 이슈로 삼았기에 이웃 간의 소통이 용이하게 지어졌다. 집으로 가는 복도에 각자의 테라스를 배치한 것도 그러한 이유에서다. 이곳에 사는 한 주민은 "외출할 때면 항상 누군가가 테라스에 나와 있기 때문에 서로 대화를 나누며 이웃들을 사귈 수 있다"고 말한다.

저렴하면서도 서로 소통하고 공유하는 집들을 만들어가고 있는 빈

빈의 아파트 '카벨베르크'는 집으로 가는 복도에 각 집의 테라스가 있는 것이 특징이다. 테라스를 통해 이웃과 만날 수 있게 한 것이다.

의 시민들은 자신들의 주거방식을 '빈 모델'이라 칭하며 자랑스러워하고 있다.

'나무형 구조'에 갇혀 사는
한국의 아파트 주민들

사실 오스트리아의 주택 형태나 철학이 새로운 것은 아니다. 우리도 불과 몇십 년 전만 해도 골목길에서 이웃을 만나 안부를 묻고 고민을 나누며 소통했었다. 그러나 수십 년에 걸쳐 건설회사 주도의 주택건설이 진행되면서 우리는 아파트 단지라는 고립되고 닫힌 주거환경에서 살게 되었다.

폐쇄적인 구조를 가진 한국의 아파트 단지는 사람들에게 어떤 영향을 미칠까? 영희라는 아이가 한국아파트 203동 1203호에 거주한다고 가정해보자. 영희가 집에 가려면 우선 단지 출입구로 들어가서 203동을 찾아가야 한다. 그러고는 3, 4호 라인 출입문으로 들어가 엘리베이터를 타고 12층에 내려서 1203호 현관문의 키를 눌러야 한다. 집에 가려면 반드시 이 순서를 따라야 한다. 집에서 밖으로 나갈 때는 이 순서를 거꾸로 따라야 한다. 다른 경로는 없다.

모든 집이 사회와 접속하는 경로가 단 하나뿐인 동선 구조를 건축 용어로는 '나무형 구조'라고 한다. 나뭇잎이 뿌리로부터 영양분을 공급받는 경로가 하나인 것처럼 목적지로 가는 길이 하나라는 의미에서 붙여진 이름이다. 이 나무형 구조에서는 마주치고 부딪히는 공간과 사람이 한정적일 수밖에 없다.

이에 비해 골목으로 이루어진 동네는 집에 이르는 경로가 단일하지 않고 다양하다. 철수는 약국이 있는 골목을 통해 집에 갈 수도 있고 근처에 사는 친구에게 들렀다 집에 갈 수도 있다. 자연스레 만나는 사람들의 범위가 넓어진다. 이러한 동선 구조를 '그물망 구조'라고 한다. 동선이 그물망처럼 연결되어 있어 여러 가지 경로로 목적지에 도달할 수 있는 구조다.

한국의 아파트 단지는 각각의 세대들이 공공의 공간과 직접 접속하지 못하도록 격리하는 나무형 구조를 취하고 있다. 반면 빈의 아파트는 우리나라처럼 단지화되어 있지 않고 공공 공간인 길에 맞닿아 있다. 빈 시민들은 아파트에 살든 주택에 살든 모두가 공공 공간과 접속해 있다. 개인과 공공 공간을 분리시키는 대신 서로 어우러지게 만드는 그물망 구조를 취하고 있다.

흔히들 다가올 미래에는 다양한 개인들이 빚어내는 협력이 성장 동력이 될 거라고 말한다. 매일매일 미술관과 도서관이 있는 골목을 걸어 주민들과 소통하며 학교에 다니는 오스트리아 아이들과 아파트 담장으로 둘러싸인 길을 걸어 학교에 가는 한국 아이들 중 어느 쪽이 더 다양한 모습으로 성장할지, 누가 더 협력을 잘할지는 짐작하기 어렵지 않다.

아파트 단지의 역사가 수십 년에 이른 지금 그곳에서 태어나 성인이 된 세대가 등장하면서 아파트 단지라는 공간이 우리의 심성에 영향을 끼칠 수밖에 없게 되었다. 이기적인 사람이 아파트에 입주하는 것이 아니라 아파트 단지에 사는 동안 이기적 심성이 길러지는 것이다. 도시건축이론가 크리스토퍼 알렉산더는 나무형 구조의 도시를 '날카로운 면도날이 가득한 그릇'으로 비유한 바 있다. 나무형 구조는 그 안에 담긴 삶들을 조각내서 파편화시킨다.

아파트 단지 주변에 다른 건물이 들어서거나 인접 도로에 마을버스가 다니는 문제로 충돌이 일어나는 것도 결국은 아파트가 단지 구조로되어 있기 때문이다. 일반 동네에서는 내 집 앞의 골목에 누가 지나다니든 거부감이 없지만, 외부와 경계가 확실한 아파트 단지는 그 형태자체가 외부에 대한 경계심을 키운다.

안전 문제만 하더라도 스크린도어와 담장으로 아파트를 둘러친다고 해결되는 것이 아니다. 스크린도어나 담장은 얼핏 안전해 보이지만, 어떤 방법으로든 누군가 침투만 하면 훨씬 위험해진다. 감시망 안쪽은 고립돼 있기에 뚫리면 속수무책인 것이다. 사실 가장 좋은 파수꾼은 사람이다. 사람들의 시선이 확보된 곳에는 강도가 별로 없다. 잠재적 범죄자들의 행위를 시선 범위에 놓이게 함으로써 범죄율을 낮추는 것을 자연감시 전략이라고 한다. 빈의 아파트처럼 사람들이 다니는 길에 면해 있는 집이 오히려 안전한 이유다.

그렇다면 온 나라가 아파트 단지로 이뤄져 있는 현실에서 단지를 해체할 방법은 있을까? 근본적으로는 우리도 빈처럼 집 걱정 없이 살 수 있는 주거정책이 마련되는 것이 우선이겠지만, 단기적으로는 새로 개발하는 아파트만이라도 단지 구조가 아니라 공공 공간에 직접 접속하는 형식으로 구성하는 것에서부터 시작해야 한다. 그리고 세대에 위치한 발코니를 소통과 접속의 공간으로 만드는 노력도 필요하다.

기존 아파트 단지는 변화를 주기가 쉽지 않겠지만 방법은 있다. 담장 등의 경계를 리모델링하여 주변 거리와 쉽게 접속되는 곳에 작은 도서관이나 상가 등 시민들과 소통이 가능한 공간을 만드는 것이다. 무엇보다 중요한 것은 아파트가 공공 공간과 직접 접속하고 소통하는 진짜 집이 되어야 한다는 것이다. 즉 문제는 아파트가 많다는 점이 아니라 어떤 아파트인가다. 막혀 있는 단지가 아니라 공공 공간과 직접 접속하는 아파트라면, 열려 있는 발코니로 서로 소통하는 아파트라면 아파트라고 해도 문제 될 것은 없다.

경우의 수가 많아야
걷기 좋은 거리

—

이제 아파트에서 나와 도시의 거리로 가보자. 도시가 아름답기 위해서는 사람이 사는 집뿐 아니라 바깥도 아름다워야 한다. 사람들이 어울릴 공간이 많고, 거리를 걸으면서 다양한 체험을 할 수 있어야 한다. 이때 중요한 것이 공간과 공간을 연결하는 거리의 모습이다. 거리는 우리가 '걷는' 공간이며, 우리는 '걷기'를 통해 다양한 경험을 한다. 달리는 자동차 안에서 도시를 바라볼 때보다 자신의 눈높이에서 도시를 바라보며 걸을 때 우리는 주변과 더 긴밀히 연결되는 느낌을 받는다. 걸으면서 소통하고 교류할 기회가 더 많아지기 때문이다.

보도블록이 매끈하게 깔린 길이나, 노점 없이 넓고 깨끗한 길처럼 하드웨어가 뛰어난 곳이 걷기 좋은 길이었다면 우리의 도시들도 좋은 점수를 받았겠지만, 아쉽게도 현실은 그렇지 않다.

미국의 레드핀이라는 부동산 업체는 미국과 캐나다의 도시들을 대상으로 도보환경지수를 측정해 걷기 편한 도시 순위인 '워크스코어(walk score)'를 발표한다. 워크스코어가 높을수록 살기 좋은 동네, 머물고 싶고 걷기 좋은 동네로 꼽는다. 길을 걷다가 맛있는 것도 사 먹고, 장도 보고, 이웃과 수다도 떠는 그런 일상의 다양성이 존재하는 곳이 걷기 좋고 머물고 싶은 곳이라는 뜻이다. 도시가 아름다워지기 위해서는 사람들의 연결 욕구를 충족시켜줄 걷기 좋은 길이 많아야 한다. 연

서울의 테헤란로(왼쪽)와 뉴욕 맨해튼 5번가(오른쪽)는 각각 10차선과 5차선으로 도로의 폭이 다르다. 그에 따라 차와 사람이 지나가는 속도와 바라보는 풍경도 함께 달라진다.

구 결과, 사람들은 항상 최단 거리를 이용해 특정 목적지로 향하는 것이 아니었다. 조금 돌아가더라도 좀 더 다양한 볼거리가 있고 사람들과의 만남이 이뤄질 수 있는 거리를 선호했다.

뉴욕은 미국에서 워크스코어가 가장 높은 도시이다. 하늘에서 도시의 구조를 살펴보면 고층 빌딩이 즐비한 뉴욕의 외관은 우리의 계획도시인 강남과 별반 다를 것이 없다. 그렇다면 남북 방향의 에비뉴와 동서 방향의 스트리트가 교차하는 격자형의 단순한 구조를 가진 뉴욕의 거리가 걷기 좋은 곳이 될 수 있었던 비결은 무엇일까? 강남의 테헤란로와 뉴욕 맨해튼 5번가를 직접 걸을 때 어떤 점이 다른지 한번 비교해보자.

먼저 테헤란로와 맨해튼 5번가는 블록의 크기가 다르다. 교차로에서 교차로까지 테헤란로는 600미터인 반면 맨해튼 5번가는 200미터에 불과했다. 블록이 작고 촘촘하면 보행자가 자주 교차로와 마주치는 만큼 어디로 갈지 더 다양한 선택을 할 수 있다. 반면, 블록이 클수록 보행자의 지루함은 커진다.

두 지역은 도로를 달리는 자동차의 속도에서도 차이를 보였다. 10차선에 도로의 폭이 40미터인 테헤란로에 비해 맨해튼 5번가는 5차선에 도로의 폭이 20미터다. 맨해튼 5번가는 차도의 폭이 좁고 블록이 작아 자주 신호등이 나타나기 때문에 차들이 별로 속도를 내지 않는다. 반면 테헤란로를 비롯한 강남의 대로들은 10차선 도로를 꽉 채운 자동차들이 시속 60킬로미터로 달리고 있어서 그 옆에서 걷는 사람의 마음을 조급하게 만든다. 빨리 달리는 자동차 옆에서 시속 4킬로미터로 걷는 사람은 자신이 너무 느리게 느껴지기 때문에 느긋하게 머물기가 어렵다. 공간의 속도가 빨라서 자동차처럼 빨리 가야 한다는 불안감을 느끼는 것이다.

또 다른 차이점은 건물의 1층이다. 맨해튼의 거리에는 1층에 안이 들여다보이고 바로 들어가볼 수 있는 가게가 많은 반면 테헤란로의 건물 1층은 외부와 차단되어 있는 경우가 대다수였다. 테헤란로의 보행자들은 걷는 것 외에 할 일이 없지만, 맨해튼의 보행자는 걷다가 가게에 들어갈지 말지, 물건을 살지 말지를 선택할 수 있는 경우의 수가 훨씬 많았다.

뉴욕은 건물 1층에 입주한 가게 가운데 두 곳 이상은 내부가 들여다보이는 투명한 구조여야 한다는 제한을 일부 구역에 두고 있다. 개인 소유의 건축물도 다른 사람과 함께 쓰는 열린 공간이며, 어떤 길을 건고 어떤 건축물을 경험하느냐에 따라 시민들의 삶의 질이 달라지기에 모든 건축물에는 사회적 책임이 뒤따른다는 것이 그 이유다.

걸어다닐 수 있는 곳이 많아야
도시가 살아난다

—

맨해튼에서도 가장 흥미롭고 파격적인 길은 타임스 스퀘어가 있는 브로드웨이다. 과거 이곳은 교통사고 다발 지역으로 악명이 높았고 늘 교통 체증으로 몸살을 앓았다. 그런데 사선으로 놓인 브로드웨이가 뉴욕의 격자형 길들과 만나는 교차점들에 광장과 공원이 들어서면서 사람이 모여들자, 뉴욕시는 이곳을 차 없는 거리로 바꿨다. 차선 하나를 줄여서 자전거 전용도로를 만들고, 차도와 자전거 전용도로 사이에 사람을 위한 공간을 만들었다. 걸어다닐 수 있는 브로드웨이에는 수많은 이벤트가 넘쳐나고 언제나 사람들이 가득하다.

놀라운 것은 자동차를 위한 공간이 사람을 위한 공간으로 탈바꿈하면서 예전보다 차량의 통행 속도가 개선되었다는 점이다. 우리는 빠르게 이동하기 위해 차도를 넓히는 데만 집중해왔지만, 브로드웨이의 실험은 오히려 이것이 교통 흐름을 방해하고 도시를 단절시킨다는 것을 증명했다.

그동안 우리 도시는 빠르게 이동하기 위해 많은 공간을 사람이 아닌

차에게 양보해왔다. 자동차 한 대가 달리기 위해서는 사람이 걷기 위한 면적보다 무려 75배나 넓은 공간이 필요하다. 서울만 해도 한강은 자동차 도로에 둘러싸여 있고 주요 거점들도 자동차 도로로 인해 단절되어 있다. 덕분에 이동은 빨라졌을지 모르지만 사람들이 머물 공간은 점점 좁아지고, 걷고 싶은 길도 줄어들었다. 자동차 중심의 도시로 변해버린 서울에서는 사람과 사람을 이어주는 길이 점점 사라지고 있다.

도시에서 길의 '연결'이 얼마나 중요한지를 보여주는 좋은 예를 영국 버밍엄에서 찾을 수 있다. 영국에서 런던에 이어 제2의 도시로 꼽히는 버밍엄은 운하를 중심으로 발전한, 제조업 기반의 번성한 도시였다. 하지만 20세기 후반 주력 산업이 쇠퇴하고 공장들이 문을 닫으면서 황폐한 도시로 전락했다. 그런 버밍엄을 되살린 것은 도시 전체를 하나로 연결하려는 계획이었다.

버밍엄시 당국은 도심지 주변에 자동차 순환도로를 만들면서 도심이 연결 기능을 잃은 것이 도시 쇠락의 큰 이유라고 판단했다. 그래서 지상의 순환도로 일부를 지하로 옮기고 지상에 시민들을 위한 보행자 도로와 열린 공간을 만들었으며, 공원과 도서관, 기차역, 상업시설 등을 유기적으로 배치했다. 1960년대 도심 내의 주요 도로를 철거하고 이스트사이드 공원을 만들어 도시의 중심지들과 운하를 다시 연결했다. 어디든 쉽게 걸어다닐 수 있게 되면서 낙후되었던 지역에도 새로운 상권이 들어서고, 경제도 되살아났다.

우리에게도 비슷한 예가 있다. 서울의 청계천이 복원되면서 광화문,

종로, 을지로, 명동 등 서울의 수많은 곳이 연결되어 사람들이 만나고 교류하는 기회가 확대되었고, 서울역 고가도로 공원 사업으로 서울역 일대의 도보길이 연결되어 자동차가 아닌 사람들을 위한 공간이 만들어지고 낙후된 인근 지역이 되살아났다.

우리의 도시도 아름다워질 수 있다

—

누구도 도시에서 혼자 살아갈 수 없다. 사회적 동물인 인간은 많든 적든 누군가의 도움을 받아야 한다. 그러나 단지로 구획된 딱딱한 콘크리트 세계에서는 시세와 평수에 따라 계층이 나뉘고, 친구가 구분된다. 집이 개인의 삶과 행복의 공간이기보다 상품이자 재테크 수단으로 여겨진다. 동네가 상품처럼 사고 팔리는 아파트 단지에서는 모두가 한 곳에 뿌리내리지 못하는 유랑민일 수밖에 없다. 넓디넓은 자동차 도로 위를 쌩쌩 달리는 차들이 이 도시의 주인 행세를 하는 한, 도시민들은 당당히 거리를 걸으며 여유를 즐길 수 없다.

지금까지 우리는 함께 쓰는 공간에는 무관심한 채, 내 공간만 돋보이게 하려고 노력해왔다. 단절된 우리의 도시를 다시 아름답게 가꾸려는 노력이 부족했다. 이제 머물고 싶은 도시, 걷고 싶은 도시를 만들기 위해 많은 사람의 노력이 필요하다. 이미 우리 주변에는 그런 노력을 하는 사람들이 제법 많이 있다. 마을의 골목길을 바꾸기 위해 노력하는 주민들, 이웃과 함께 자신만의 방식으로 집을 짓는 사람들, 일상 속에서 함께 쓰는 공간을 아름답게 변화시키려고 노력하는 사람들이 계속 늘어나고 있다.

아무리 값비싸고 화려한 빌딩이 가득하다 할지라도 그 안에 사람이 살지 않는다면 그곳은 죽은 도시다. 동네에, 거리에 사람들의 만남과 교류가 이어질 수 있는 공간, 함께 어울리고 머무를 수 있는 공간들이 많아진다면 도시에서의 삶이 더욱 풍요로워질 것이다.

획일화된 아파트 단지의 재생산,
이제는 끝내야 할 때

길다영 PD

요즘 우리나라 젊은이들의 대다수가 아파트에서 태어나고 자랐다. 명실상부 아파트 세대다. 층간소음에 대한 공포로 뛰놀지 못하는 유년기를 지나, 전세인지 자가인지 비교당하는 학창 시절을 보내고, 취업한 뒤에는 까마득한 가격의 부모 아파트에 얹혀살고 있다.

이들에게 아파트는 집이지만 동네이기는 실패했다. 그래서 우리나라 아파트는 부동산(不動産)이 되었다. 또한 브랜드가 되었다. 같은 브랜드의 아파트 단지들은 엇비슷한 외관으로 상품 가치를 증명하지만 대신 동네의 특질은 지워버렸다. 일산이나 분당 같은 신도시의 풍경이 삭막한 이유가 여기에 있다. 아파트 단지만 뚝 떼어내 다른 곳에 옮겨도 아무 이질감이 없다. 아파트는 지역적 특성을 전혀 고려하지 않은 하나의 균일한 상품이 되어버린 것이다.

한국에서 아파트는 주거 공간이라기보다는 재산에 가깝다. 아파트를 구매할 때 가장 우선시되는 것은 집의 구조나 주변의 문화시설, 또는 자연환경같이 삶과 밀접하게 연관된 요소가 아니라 단지의 규모,

역과의 거리 등 가격 평가에 용이한 조건들이다. 재산으로서의 가치만 끊임없이 증식한 한국의 아파트는 필연적으로 점점 더 개인화되는 모양새다. 복도식에서 계단식으로 변화했고, 택배 배달도 무인택배함으로 교체되고 있다. 타인과 접촉하지 않고 최대한 단절된 채 사적 영역만 강화하고 있는 것이다.

이는 설계의 문제다. 빈의 아파트들을 취재하면서 가장 눈에 띄었던 점은 설계 단계에서부터 공동체를 생각한다는 것이었다. 빈에서는 다수가 함께 사는 아파트 단지를 높은 담장으로 둘러싼다는 것은 상상할 수도 없는 일이다. 주변 건물과의 조화를 위해 혼자 삐죽하니 층수를 높이지 않는다. 단지를 가로지르는 보행자 도로는 일부러 넓혀서 아파트 주민이 아닌 옆 블록의 이웃들까지 끌어들인다. 누구든 공적인 가치에서 따로 떨어져서 홀로 살아갈 수 없기 때문이다.

자르크파브릭에 들어서면 복도에 나 있는 거실창이 가장 눈에 띈다. 우리의 아파트에는 베란다에나 달려 있을 통유리창이 복도로 나 있다. 주민들은 복도에 화분과 의자를 둔다. 이웃과 함께 햇볕을 쬐면서 하루에 대해 물으며 일상을 공유한다. 공공의 영역과 사적인 영역이 자연스럽게 섞여들면서 공동체 형성을 독려한다. 어떤 사람은 창에 커튼을 쳐두기도 하지만 대부분의 사람들은 이런 개방성을 환영한다.

공동의 힘은 강력하다. CCTV, 경비원 등을 동원해도 나 혼자 집을 지키는 것은 쉽지 않은 일이다. 하지만 '우리'가 지키는 집에는 침입하기가 쉽지 않다. 이방인이 들어오면 이웃이 금방 알아차리고 용건을 묻는다. 단순히 안전 문제를 넘어 유치원, 학교, 도로 등 동네를 구성하는 대부분의 공간이 본디 공공의 영역이다. 아무리 담장을 둘러치더라도 부정할 수 없는 사실은, 개개인이 모든 것을 감당할 수 없다는 것이다. 여태껏 사적 영역에 내맡겨져 있던 교육, 생활 기반 시설 등이 이제야 제자리로 돌아올 준비를 하고 있다.

어찌 보면 강남 아파트 불패 신화는 우리가 만들어낸 자화상이다. 정부가 아무리 노력해도 경제적 이득만을 바라는 '내'가 다수라면 이러한 상황은 달라지지 않을 것이다. 진정 변화를 원한다면 우리 스스로 바뀌어야 한다. 빈의 카벨베르크가 들어선 지 20년, 지역 공동체의 의견을 수렴해 단지를 건설했던 첫 입주자들은 이제 많이 남아 있지 않다. 그러나 새로운 입주자를 받을 때면 아직 하는 일이 있다. 아파트 단지의 역사에 대한 책자를 배부하고 관련 설명을 들려주는 것이다. 이 아파트 단지가 어떤 가치를 지키려 하는지, 이 동네에 산다는 것이 무엇을 공유하는 일인지를 인지시키는 것이다. 인터뷰를 위해 거리에서 만난 모든 주민이 이를 언급하고 자랑스러워하는 풍경은 생경했다.

자르크파브릭과 카벨베르크에는 또 한 가지 공통점이 있다. 명칭에 역사가 담겨 있다는 것이다. 자르크파브릭(Sargfabrik)은 관을 만들던 공장, 카벨베르크(Kabelwerk)는 케이블을 만들던 공장을 의미한다. 재개발이라고 하면 기존의 것을 모두 부수고 무(無)에서 시작하는 우리와 달리, 이들이 과거를 지우지 않는 이유는 명확하다. 뿌리를 잊지 않고 공동체를 이어가기 위해서다.

대한민국이 아파트 시대로 접어든 지 40여 년. 이제 초창기에 건설된 아파트 대부분은 재개발을 목전에 두고 있다. 우리는 이제 질문을 던져야 한다. 지금까지와 같이 모두 밀어버리고 오로지 새것만으로 또 다른 대형 아파트 단지를 재생산할 것인지, 아니면 시대의 흐름에 맞게 다양한 형태의 입주자들을 포용하고 지역의 요구에 맞춘 동네를 만들 것인지. 변화의 때가 목전에 있다.

明見萬里

10 장

지방 소멸은
피할 수 없는 미래인가

—

살고 싶은 지방의 조건

明
見
萬
里

이른바 '감소의 시대'다.

인구는 물론이고 투자와 생산, 노동의 기회,

발전 가능성 등 모든 것이 감소하고 있다.

그로 말미암아 지방도 소멸의 길을 걷고 있다.

지방 중소도시의 소멸은 해당 도시만의 문제가 아니다.

인구가 나가는 곳과 들어오는 곳 모두에 큰 부담을 주고,

사회 전체가 부담해야 할 비용도 커진다.

지방을 지키는 길은 과연 있는가.

지방 소멸은
피할 수 없는 미래인가

살고 싶은 지방의 조건

산골마을로 몰려드는 도시의 청년들

—

자명종 소리 대신 새소리로 아침을 맞이하고, 복잡한 지하철과 만원 버스 대신 푸른 자연을 친구 삼아 자전거로 IT벤처기업에 출근할 수 있다면 어떨까? 일본의 자그마한 산골, 도쿠시마현 가미야마정에 이런 삶을 살고 있는 사람들이 있다.

도쿄에서 차로 여덟 시간 거리에 있는 이곳은 일본의 여느 시골이 그렇듯 5400여 명의 주민 가운데 절반이 65세 이상의 노인인 심각한 고령화 마을이다. 인구가 계속 줄어들어 빈집이 600채나 되고, 예전에 번성했던 상점들도 하나둘 문을 닫았다. 1990년대 초부터 가미야마정이 좋아 이곳에 살기 시작한 예술가들이 몇몇 있긴 했지만 2000년대 중반까지는 이주자가 거의 없던 마을이었다.

가미야마정에 본격적인 변화가 일기 시작한 것은 10년 전, '일본의 시골을 멋지게 바꾸자'는 목표로 설립된 한 비영리단체가 가미야마정의 빈집에 도시인들을 불러들이면서부터다. 이들은 실리콘밸리라는 이름을 본뜬 그린밸리라는 이름으로 가미야마정을 일본 전역에 홍보했다. 지자체도 가미야마정을 귀촌 일번지로 육성하기 위해 적극적으로 나섰다. 빈집을 보수해 저렴한 가격에 사무실로 빌려주고 창업 인프라를 마련했다. 이주를 결심한 사람들에게는 빈집을 제공하기도 했다. 그린밸리의 오미나미 신야 이사장은 이렇게 말한다. "우리와 같은 민간단체가 마을에 일자리를 만든다는 건 무리예요. 그래서 우선 빈집을 활용해서 직업이 있는 사람이나 일자리를 창출하는 회사들을 불러들이기 시작했어요. 그렇게 하면 우리가 일자리를 준비할 필요가 없어지죠."

마을 전체에 광케이블이 들어오면서 인터넷 환경이 좋아진 것도 큰 몫을 했다. 마을 어디서나, 심지어 냇가에서도 와이파이가 되는 초고속 광통신망은 IT기업을 모으는 데 큰 역할을 했다. 도쿄에 본사를 둔 IT벤처기업의 위성 사무소들이 마을의 비어 있던 고택들에 하나둘 문을 열더니 2018년에는 열여섯 개 회사가 가미야마정에 자리를 잡았다. 외양간이 쾌적한 사무실로 변하기도 했다. 사무실에서 일하다 바깥 공기를 쐬고 싶으면 노트북을 들고 밖으로 나와 해먹에서 푸른 자

일본의 가미야마정은 창업 인프라를 마련하고 기업을 유치하면서 활기를 되찾았다. 이곳에서는 푸른 자연을 누리며 IT벤처기업으로 출근하는 삶이 가능하다.

연을 보며 일하는 삶이 이곳에서는 가능하다. 이제 이곳은 자유롭게 일하는 회사, 직원들의 창의성을 끌어내는 회사를 꿈꾸는 기업가들이 찾는 마을이 되어가고 있다.

가미야마정에 더 많은 청년들을 불러들이기 위해 가미야마쥬쿠(神山塾)라는 직업훈련 프로그램도 매년 1~2회 열리고 있다. 6개월간 가미야마정에 체류하면서 IT벤처기업이 주관하는 여러 가지 교육을 받는 것인데, 열 명 모집에 100명이 지원할 정도로 인기가 좋다. 일본 전역에서 몰려든 20~40대 지원자들은 가미야마정이 마치 자연 속의 실리콘밸리 같은 이미지라면서, 시골이지만 아무런 거부감이 없다고 입을 모은다. 2008년부터 지난 10년간 가마야마쥬쿠를 거친 사람 가운데 가미야마정으로 이주한 사람은 134명에 이른다.

덕분에 1955년 이후 70여 년 만에 마을의 인구가 증가했다. 청년들이 이주해와 이곳에서 결혼하고 아이를 낳으면서 적막감이 감돌던 마을에 비로소 생기가 넘치기 시작했다. 카페, 식당 등 새로운 가게가 하나둘 문을 열더니 유치원도 생겨났다.

다른 지자체의 경우 이주자나 이주기업에 100~200만 엔의 보조금을 주는 우대 정책이 있는 반면 가미야마정은 특별한 우대 정책을 앞세우지 않는데도 사람들이 살고 싶어 한다. 시골살이는 곧 농사라는 공식을 깨뜨리며, 자유롭고 창의적인 사람들을 모으자 그 사람들 자체가 마을의 매력이 되어 일자리가 늘어나는 선순환이 이루어지고 있다. 언젠가 마을의 불빛이 사라질 거라 걱정했던 가미야마정 사람들에게 일본의 시골에서 볼 수 없었던 일이 벌어지고 있다.

지방 소멸의 시대가 왔다

—

그러나 가미야마정의 사례는 일본에서도 매우 특별한 경우다. 일본 대다수 지방에 사는 청년들은 시골에 더 이상 희망이 없다며 도시로 삶의 근거지를 옮기고 있다.

이런 추세를 반영하듯 2014년 지방 소멸을 경고하는 〈마스다 보고서〉가 발표되며 일본 사회를 떠들썩하게 했다. 경제학자 마스다 히로야는 2008년부터 일본의 순인구가 줄어들고 있는 것에 주목했다. 그런데 그 속도가 도쿄보다는 지방이 훨씬 빨랐다. 젊은 층이 지방에서 도쿄 같은 대도시로 이동하는 것이 원인이었다. 그는 이 추세가 이어질

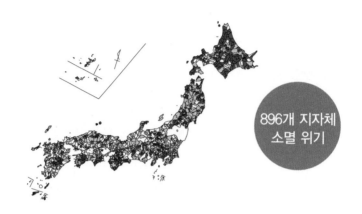

지도에 붉게 표시된 지역은 일본 경제학자 마스다 히로야가 〈마스다 보고서〉에서 '소멸 가능성 도시'로 명명한 곳이다. Chihou Shoumetsu by Hiroya MASUDA,Chuokoron-Shinsha, Inc. ⓒ 2014 Hiroya MASUDA

경우 인구가 도쿄에만 집중되는 극점사회가 나타날 것이라고 지적했다. 특히 가임기 젊은 여성 인구가 대도시로 떠나면 지방에는 아기가 태어나지 않게 되고 결국 2040년이면 일본 지자체의 절반인 896개가 소멸 위기에 처할 것이라고 경고했다.

이미 일본 곳곳에서 소멸의 징후가 보인다. 2016년 실시한 일본 지방선거에서는 전국 373개 기초의회 가운데 23퍼센트가 입후보자가 부족해 무투표로 의원을 채웠다. 사람이 없는 일부 시골 마을에서는 지방의회가 폐지되면서 지자체가 무너지기도 했다.

일본 남서부의 운난시는 늘어나는 빈집들로 마을 전체가 유령 도시처럼 변했다. 식료품과 생활필수품을 팔던 가게들까지 없어지면서 마을에 남은 노인들은 생필품을 구입하기 어려운, 이른바 쇼핑 난민이 되었다. 자구책으로 주민자주조직이 폐교를 재단장해 생필품을 판매하고 있다. 주민자주조직은 인력난으로 행정 서비스가 미치지 못하는 지역이 생겨나자 마을에서 젊은 축에 드는 70대 주민들이 꾸린 것이다. 마을을 유지하기 위한 최후의 방편인 셈이다. 이들은 지역 간호사와 함께 산골에 흩어진 세대들을 방문하여 수도 검침을 하고, 수도 계량기에 변화가 없는 등 의심스러운 점이 있으면 시청에 통보한다. 이렇게 운난시는 주민자주조직의 힘으로 지역의 명맥을 근근이 이어가고 있지만 이 역시 얼마나 지속될지 알 수 없다. 지역민들 모두 나이를 먹고 있기 때문이다. 그나마 이곳은 주민자주조직이 있어 사정이 나은 편이다. 지금 일본에는 가게가 없어 생활필수품 구매가 힘든 쇼핑 약자가 600만 명에 이른다.

이러한 상황은 일본만의 이야기가 아니다. 경상북도 의성군 신평면은 전국에서 가장 고령화가 심한 지역 가운데 하나다. 65세 이상 인구가 67퍼센트에 달한다. 마을 주민 65명 가운데 43명이 노인이다. 면 소재지에 위치한 초등학교에 다니는 아이들은 손에 꼽을 정도다. 1학년 교실에는 단 한 명의 학생이 선생님과 단둘이 수업을 하고 있고, 5, 6학년은 학생 수가 부족해 함께 공부하는 복식학급으로 운영되고 있다. 이 아이들은 초등학교를 졸업하면 마을을 떠나야 한다. 근처에 있던 중학교가 10여 년 전 문을 닫았기 때문이다. 한때 500명의 학생을 수용했던 중학교 건물은 흉물로 변한 지 오래다. 상급학교 진학을 위

경북 의성군 신평면 용봉리는 사람이 급격히 줄어 43가구 중 여덟 가구가 빈집이다. 한때 전교생이 500명 정도이던 안평중학교에는 아이들이 사라져 현재 마을 주민들이 콩 농사를 짓고 있다.

해 마을을 떠나간 아이들은 다시 돌아오지 않는다.

의성군의 다른 지역 역시 비슷하다. 의성에서 가장 큰 상설시장인 의성염매시장에서도 지나다니는 사람을 찾아보기 어렵다. 과거 21만 명을 웃돌던 의성군의 인구는 매년 급감해 2018년에는 5만 3000명 선까지 주저앉았다. 그 가운데 노인 인구는 2만여 명으로 전체 인구의 37.5퍼센트에 이른다. 그에 반해 의성군에 사는 젊은 여성 인구는 3000여 명밖에 되지 않는다.

시군구 열 곳 가운데 네 곳이 소멸위험지역

〈마스다 보고서〉의 한국 버전이라 할 수 있는 한국고용정보원의 〈한국의 지방 소멸 2018〉 보고서에 따르면 전국 시군구 열 곳 가운데 네 곳이 저출산 고령화로 인한 소멸위험지역에 해당한다. 20~39세(가임 여성의 90퍼센트 이상이 속하는 연령대) 여성 인구를 65세 이상 노인 인구로 나눈 산출 값이 1.0 이하(20~39세 여성 인구가 65세 이상 인구 수보다 적은 상황)이면 그 공동체는 소멸주의단계이고, 산출 값이 0.5 이하(20~39세 여성 인구가 65세 인구의 절반 미만)이면 극적인 전환의 계기가 마련되지 않는 한, 소멸할 가능성이 높은 소멸위험단계다. 2018년 6월을 기준으로 전국 228개 시군구 가운데 39퍼센트인 89곳이 소멸위험지역이다. 전국 3463개 읍면동 가운데는 43.4퍼센트인 1503개가 소멸위험지역이다.

소멸 가능성이 높은 위기 지역 가운데 96퍼센트는 수도권 밖에 있는 지방 도시들이다. 비수도권의 소멸위험지역 비중은 57.8퍼센트이고 그중에서도 광역시를 제외한 도지역은 소멸위험지역 비중이 70퍼센트를 넘어선다. 전라도와 경상도에서 인구 15만 명 이하 중소도시의 인구 변화를 나타낸 그래프를 보면, 마치 물줄기가 줄어들어가는 시냇물처럼 인구의 감소폭이 크다. 이 추세의 끝은 아마도 바닥일 것이다.

그런데 지방 인구의 양적 감소보다 중요한 사실은 젊은 층이 가장 많이 줄어들고 있다는 점이다. 주요 중소도시들의 연령별 인구 구조를 살펴보면, 2000년대만 해도 20~30대의 젊은 층이 든든하게 받쳐주었으나 2010년 이후부터 50~54세의 중장년층이 가장 많은 구조로 바뀌었다. 젊은 인구가 자신이 살던 지역을 벗어나 이동한 결과다.

고향을 떠난 20~30대는 대부분 수도권으로 이동했다. 통계청 마이크로데이터에 따르면 2013~2017년 소멸 위험 읍면동에서 26만

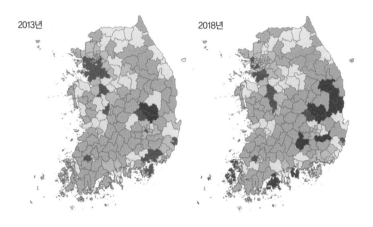

빨간색으로 표시된 곳이 소멸위험지역이다. 2013년에 비해 2018년 지도에서 소멸위험지역이 많이 늘어난 것을 확인할 수 있다. (출처: 한국고용정보원)

2000명이 빠져나갔는데, 그중 20대의 37.4퍼센트가 수도권으로 이동했다. 2017년을 기준으로 비수도권의 20~30대 청년 인구 비중은 수도권의 47퍼센트에 불과하다.

현재 소멸위험지역은 낙후된 농어촌 지역에서 지방의 도시권역, 즉 도청 소재지, 산업도시, 광역대도시로 확산되는 양상이다. 2016년에는 부산 영도구와 동구가, 2017년에는 경북도청 소재지인 안동시가, 2018년에는 부산 중구와 경주시, 김천시가 새롭게 소멸위험지역으로 진입했으며, 비수도권 광역시 가운데 부산과 대구가 소멸주의단계에 놓여 있다.

지방의 젊은이들은 왜 이렇게 고향을 등지고 수도권으로 갈까.

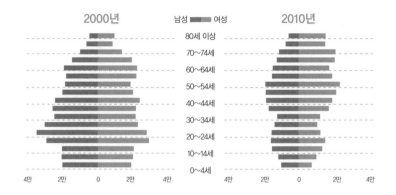

(출처: 행정안전부, 단위: 명)

자신이 나고 자란 고향을 등지는 이유

—

대구광역시에 위치한 경북대학교는 부산대학교와 함께 경상도의 명문으로 손꼽힌다. 학교 내에 마련된 취업지원소 '잡 플라자'는 많은 취업준비생들로 늘 만석이다. 그런데 이들 가운데 다수가 대구가 아닌 다른 지역으로 취업을 준비하고 있다.

학생들은 청년들의 욕구를 충족시킬 수 있는 직장이 지방에 드물기 때문에 수도권으로 눈을 돌릴 수밖에 없다고 말한다. 2016년 한 해 동안 대구를 떠난 15~29세 청년은 1만 2000명이 넘는다.

실제로 취업포털 사람인에서 대구와 수도권의 지역별 구인 숫자를 비교한 결과, 2018년 2월 기준으로 대구는 7591건, 서울은 4만 4623 건으로 여섯 배 이상의 차이가 있었다. 우리나라는 기업의 대다수가 수도권에 집중되어 있다. 100대 기업 중 무려 80개 이상이 수도권에 본사를 두고 있다. 또한 청년들이 주로 종사하는 스타트업도 77퍼센트가 서울특별시에, 14퍼센트가 경기도에 위치해 90퍼센트 이상이 수도권에 분포되어 있지만, 대구에는 겨우 1퍼센트만이 자리 잡고 있을 뿐이다. 대기업의 70퍼센트가 집중되어 있는 도쿄로 일본의 젊은이들이 몰려들고 있는 것과 꼭 닮은꼴이다.

결국 가장 큰 문제는 일자리다. 시골뿐 아니라 지방의 대도시까지도 양질의 일자리가 없기 때문에 청년들은 생계를 위해 수도권으로 모일 수밖에 없다. 젊은이들이 떠난 지방에는 돈이 돌지 않고 자금이 융통되지 않아 생활 인프라도 점점 사라지고 있다. 서울에는 몇 걸음만 가도 스타벅스 커피숍을 찾을 수 있지만 지방 중소도시에서는 그렇지 못하다. 커피전문점이야 없어도 살 수 있지만, 생활에 꼭 필요한 곳들마저 점점 없어지고 있다. 2017년 한국씨티은행은 지점의 80퍼센트를 폐쇄한다고 밝혔다. 126개 지점을 25개로 축소하겠다는 것인데, 계획에서 살아남은 25개의 지점 중 21개는 수도권에 있고 단 네 개만이 지방에 있다. 은행뿐 아니라 의료시설도 마찬가지다. 지방에서 출산할 수 있는 산부인과를 찾는 것은 쉽지 않은 일이 되었다. 의료기관의 51퍼센트가 수도권에 있다. 또한 전국 20대 대학의 80퍼센트도 수도권에 몰려 있다.

인구 많은 수도권도, 인구 적은 지방도 모두 손해

인구가 줄어드는 것이 거스를 수 없는 흐름이라면, 서울을 글로벌 경쟁력을 갖춘 세계적인 도시로 더 크게 성장시키면 되지 않느냐는 일각의 의견도 있다. 또 서울 등의 대도시에 사는 사람이라면 지방의 인구 감소가 나와 무슨 상관이냐고 생각할 수도 있다. 그런데 인구의 수도권 쏠림 현상은 지방뿐 아니라 수도권에도 악영향을 미친다. 인구가 많아지면 집값, 생활비 등 물가가 전반적으로 높아지고 일자리 경쟁도 심해진다. 게다가 사교육 등 자녀 양육에 드는 비용도 치솟기 때문에 대도시 거주 부담이 늘어난다.

〈마스다 보고서〉에서도 도쿄가 지방의 인구는 빨아들이지만 재생산은 못 하는 인구의 블랙홀이 되고 있다고 분석했다. 실제로 도쿄의 시부야나 신주쿠 같은 번화가에 사는 30~40대 여성의 절반이 미혼이다. 도쿄의 청년들이 아이를 낳지 않은 채 늙어가면 도쿄는 초고령 사회가 되고 지방에서 도쿄로 유입되는 인구도 감소해, 결국 도쿄는 축소되고 일본은 파멸할 것이라는 무서운 결말에 이르게 된다.

암담한 사실은 우리나라의 수도권 집중 현상이 일본보다 더 심하다는 점이다. 1960년대 전체 인구의 약 20퍼센트였던 수도권 인구 비중은 1970년대에 28퍼센트로 증가했고, 이후 서서히 늘어나 2018년 1월 기준 우리나라 전체 인구의 49.6퍼센트가 수도권에 거주하고 있다. 절반에 가까운 수치다. 1960년대에 우리나라에서 외교관으로 활동했던 미국의 정치학자 그레고리 헨더슨이 "권력의 집중이 인구 집중을 초래한다"고 말한 것처럼, 국토의 12퍼센트밖에 안 되는 수도권에 대한민국의 거의 모든 것이 몰려 있다 보니 맞이한 필연적인 결과다.

다른 한편으로 소멸하는 지방에는 돈이 많이 들어간다는 문제가 있다. 전 세계 자동차 시장의 메카였던 미국 미시간주 디트로이트시가 그 예다. 1950년대에는 인구가 180만 명에 이를 정도로 번창했던 디트로이트는 1980년대 일본 자동차회사들이 선전하면서부터 위기를 맞았다. 일자리가 줄어들어 먹고살기가 힘들어지자 사람들은 도시를 떠났다. 인구가 전성기의 반 토막이 나자 세금을 걷을 수 없었던 디트로이트는 2013년에 파산하고 말았다. 인구가 급속히 줄어들면 도시는 견딜 재간이 없다. 인구가 적다고 해서 도로나 상하수도 등의 공공시설을 없앨 수는 없기 때문이다. 그런데 기본적인 시설을 유지하기에는 세금이 적게 걷히니 지자체가 감당하기 어려워지는 것이다.

인구통계모형에 의하면 2040년 전국 지자체 중 30퍼센트는 지방자치가 본격적으로 시작되었던 1995년과 비교해 인구가 절반으로 줄어든다. 이 지자체들은 급격한 세수 감소를 경험하면서 경제적으로 큰 어려움에 처할 것이다. 그러면 중앙정부가 가만히 두고 볼 수만은 없다. 시골 한구석의 아무리 작은 지역이라도 최소한의 공공서비스는 제공되어야 하기 때문이다. 이는 곧 소멸하는 지방을 위한 공적자금이 급격히 늘어날 것이라는 뜻이다. 물론 그 비용은 우리 국민 모두가 부

전 세계 자동차 시장의 메카였던 미국 디트로이트시는 자동차 산업과 함께 몰락의 길을 걸었고 결국 2013년 파산하고 말았다. 왼쪽은 번성했던 1907년의 디트로이트. 오른쪽은 쇠락한 2010년대의 디트로이트의 건물.

담하게 될 것이다.

인구가 적은 지역일수록 주민 1인당 투입 예산은 늘어난다. 2001년을 기준으로 대도시 주민 1인당 투입 예산은 43만 원인 데 비해 군지역 주민의 1인당 투입 예산은 200만 원이었다. 그 격차는 점점 커져서 2027년 주민 1인당 투입 예산은 대도시 250만 원, 군지역 1170만 원으로 다섯 배가량 차이가 날 것으로 예상된다. 30퍼센트의 지자체가 파산 위기에 직면할 2040년에는 예산의 액수가 훨씬 커질 것이다. 과연 지방 소멸의 흐름을 멈추고 예전의 상태로 되돌릴 방법은 없을까?

청년층의 지방 이주 희망자가 늘고 있는 일본

다시 일본으로 가보자. 일본은 〈마스다 보고서〉가 나온 다음해인

2015년부터 지방 소멸과 수도권 집중 문제를 해결하기 위해 '지방창생전략'을 추진하고 있다. 총리 직속의 지방창생본부를 신설하고 '마을, 사람, 일자리의 창생과 선순환'을 기본 방향으로 세웠다. 새롭게 만든다는 뜻의 '창생(創生)'이라는 말처럼, 일자리로 사람을 불러 모으고, 사람이 다시 일자리를 창출하는 선순환 구조로 생기 있는 마을을 만들겠다는 계획이다. 창생이라는 단어에는 지방이 새롭게 만들어지지 않으면 소멸할 수 있다는 위기의식이 담겨 있다.

구체적인 내용은 다음과 같다. 2020년까지 지방에 청년층을 위한 30만 개의 안정된 일자리를 만들 것, 지방 이주 희망자에 대한 지원을 강화하고 기업의 지방 거점을 강화하여 2020년까지 도쿄 지역에서 지방으로의 전출을 4만 명 늘리고 지방에서 도쿄로의 전입을 6만 명 감소시킴으로써 전입과 전출의 균형을 이룰 것, 출산 후 직장에 복귀하는 여성의 비율을 높이고 임신, 출산, 육아 지원을 강화하여 결혼 희망률을 80퍼센트까지 높이고 부부당 자녀 목표 수인 2.12명을 2020년까지 95퍼센트 달성할 것, 지방에서 안정적인 경제생활권을 형성하도록 청년층에게 매력 있는 지방 거점 도시를 만들 것 등이다.

일본의 지방창생전략은 아직 사업의 승패를 알 수 없지만, 수치는 희망적이다. 일본 국토교통부가 2017년 대도시에 사는 20~70대를 대상으로 설문한 결과, 20대의 지방 이주 희망자 비율이 25퍼센트로 모든 연령대 중 가장 높았다. 또 지방 이주를 지원하는 비영리법인인 고향회귀지원센터를 이용하는 20대는 10년 전보다 다섯 배 늘었다.

앞서 소개한 가미야마정도 지방창생전략의 든든한 지원을 받아 젊은 세대의 이주를 지원하고 있다. 지방에 양질의 일자리와 살기 좋은 주거환경, 문화와 여가시설이 자리한 거점 도시, 출산·양육·교육정책과 지원 등이 갖춰진다면 청년들이 굳이 살기 팍팍한 수도권을 선호할 이유가 없을 것이다.

살기 좋은 지방 만들기에 필수적인 지방 분권

그렇다면 일본이나 우리나라와 달리 수도권과 지방의 삶이 다르지 않은 나라의 모습은 어떨까? 그 대표적인 곳이 독일이다. 독일은 16개 주 가운데 사람이 가장 많은 주의 인구 집중도가 21.7퍼센트에 불과할 정도로 인구가 비교적 고르게 분포되어 있다.

독일 남서부 바덴뷔르템베르크주에 있는 프라이부르크는 인구 20만의 작은 도시다. 이곳에 있는 발터 라테나우 직업학교에서는 약 1400명의 학생들이 3년 동안 IT, 전기공학, 자연과학 분야의 전공을 선택해 직업교육을 받는다. 학교에서 이론 교육을 받는 동시에 회사에서 실습도 함께 받는 것이다. 프라이부르크에는 작은 중소기업이 많은 데다 학교와 지역 기업 간에도 협력이 잘되고 있어 학생들은 가고 싶은 회사를 취향대로 선택할 수 있다. 프라이부르크 청년들에게는 고향에서 교육을 마치고 일자리를 얻는 것이 특별한 일이 아니다.

"독일에서는 직업교육과 직장의 좋고 나쁨이 회사나 도시의 크기와는 상관이 없습니다. 직업교육을 베를린에서 받든 프라이부르크에서 받든 아무런 차이가 없습니다."

교육과 직장에 만족한 프라이부르크 청년들은 굳이 대도시로 떠나지 않고 고향에서 살아간다. 독일의 주요 기업들은 우리나라와 달리 전국에 고르게 흩어져 있다.

프라이부르크는 일자리뿐 아니라 삶의 질에서도 대도시에 뒤지지 않는다. 프라이부르크는 친환경 도시로 정평이 난 곳이다. 1970년대 초 독일 정부가 프라이부르크시 인근에 핵발전소를 건설하겠다는 계획을 세웠던 것이 오히려 변화의 계기가 되었다. 시민들의 의견을 받아들인 시가 1987년 핵발전소를 짓는 대신 에너지 자립도시 전환을 선언한 것이다. 여기서 주목할 점은, 프라이부르크가 중앙정부의 간섭 없이 스스로 결정했다는 것이다. 독일 헌법이 광범위한 지방분권을 보장하고 있어서 가능한 일이었다. 독일 헌법인 기본법 제28조는 '기초지자체에는 법률의 범위 내에서 지역공동체의 모든 사안을 자기의 책임으로 규율할 권리가 보장되어야 한다'고 규정하고 있다. 이밖에도 독일 헌법에는 지방자치와 관련된 조항이 40퍼센트가 넘는다.

이에 반해 우리 헌법은 총 130개 조항 중 단 두 개 조항만이 지방자치를 실시한다는 원칙만을 언급하고 있다. 중앙 권력을 어떻게 분산하여 자치권을 보장할 것인지에 대해서는 구체적으로 규정하고 있지 않다. 그렇다 보니 지방에서 시민의 아이디어를 적극적으로 받아들여 일자리를 창출하거나 삶의 질을 향상시키려고 해도 재원을 마련하기가 쉽지 않은 것이 한국의 현실이다. 우리나라 지자체의 업무 중 80퍼센트가 중앙정부에서 지시받은 일이고, 나머지 20퍼센트도 상위 법령의 엄격한 규제를 받는다. 이런 상황에서 독일처럼 지자체가 자신의 정체성을 주도적으로 만들어나가기란 쉽지 않다.

독일 헤센주의 재무장관인 마르틴 보름스는 살기 좋은 지방을 만들기 위해서는 중앙정부와 지방정부의 권력이 동등하게 분배되어야 한다고 강조한다. "독일은 연방주의 특징이 뚜렷한 국가입니다. 16개 주정부가 독립적인 자치권을 보장받고 있죠. 독일은 나치주의 아래 모든 국가의 권력이 한곳에 집중되어 있었던 끔찍한 과거로부터 얻은 교훈을 잊지 않고 있습니다. 그것은 두 번 다시 국가의 권력을 한곳에 집중해서는 안 된다는 것이에요. 국가의 권력은 균형을 이뤄야 합니다."

우리나라에서 지방분권이 가장 잘되어 있는 제주도의 경우도 지방정부의 권한 강화가 지방을 살리는 데 큰 역할을 한다는 것을 보여준다. 제주특별자치도 출범 이후 지난 10년 동안, 제주도는 다섯 차례에 걸쳐 총 4500여 건에 달하는 국가사무를 이양받으며 지역맞춤형 산업, 자치경찰제, 문화예술 분야 집중 투자 등 새로운 시도를 할 수 있었다. 아직까지 실질적인 분권을 이루기에는 미진하다는 평가가 있지만, 그래도 1980년대까지만 해도 신혼여행지에 지나지 않았던 제주도가 많은 사람들이 꼭 한 번 살아보고 싶은 섬으로 위상이 높아진 데에는 지자체의 권한이 커진 것이 큰 역할을 했다.

인구가 줄어들수록 도시를 압축해야 한다

—

지방 소멸을 막기 위해 마지막으로 짚고 넘어갈 내용은 '원도심 살리기'다. 쇠퇴한 도시들을 살펴보면 십중팔구는 도시 재생사업으로 외곽을 개발하면서 달걀 프라이의 노른자 부분인 원도심이 비어 있는 모양새를 취하고 있다. 인구가 팽창할 때는 도시 외곽에 신도심을 개발하는 것이 인프라 부족을 해결하고 집값 상승을 방지하는 좋은 방법이다. 하지만 인구가 정체되거나 감소할 경우 도시 외곽을 개발하면 원도심은 인구가 빠져나가 유령도시로 변한다.

《지방도시 살생부》를 쓴 도시계획학자 마강래 교수는 이런 문제를 해결하기 위해 인구가 줄어들수록 도시를 압축해서 '압축도시'로 만들어야 한다고 주장한다. 인구가 10만 명 이하인 도시에서는 도심 하나, 인구가 10만 명 이상인 도시에서는 도심 하나와 부도심 한두 개로 집중한다면 인구 유출의 속도를 줄일 수 있다는 것이다. 사람이 빽빽하게 모여 있어야 일자리든 교육이든 문화든 여가생활이든 기회가 싹튼다. 일본에서는 도시 내의 가장 노른자 땅인 원도심에 편의점, 슈퍼, 은행, 병원, 유치원, 주민센터 등을 모으고 그 주변에 주민들이 거주하게 하는 스마트 축소 전략을 도입한 지자체가 20퍼센트에 달한다.

광주광역시의 원도심에 위치한 발산마을은 죽어가던 원도심에 다시 활력을 불어넣은 좋은 예다. 이곳은 1970~1980년대만 해도 여공들의 주거지로 많은 사람들이 살았다. 그러나 방직공장이 쇠락의 길을 걸으면서 젊은이들이 떠나고 노인들만 남은 낙후 지역이 되었다. 도시가스도 들어오지 않는 열악한 주거환경에 빈집과 쓰레기가 넘쳐났다. 쓰러져가던 '달동네'였던 발산마을이 달라지기 시작한 것은 2015년부터다. 일본의 가미야마정처럼, 빈집을 고쳐 취업난에 시달리는 청년들에게 공급한 것이다.

버려진 단독주택을 보수해 카페를 창업한 오유연 씨는 광주광역시로부터 주택 보수비용과 1년치 월세를 지원받았다. 발산마을의 할머니들과도 힘을 합쳤다. 할머니들이 자두청, 매실청 등을 만들어 유연 씨의 카페에 '할매스 음료'라는 메뉴로 공급하면서 마을 주민과 협업하는 상생 모델을 만든 것이다. 그밖에도 공방, 아트 스튜디오, 소품 가게, 게스트하우스 등 매력적인 공간이 하나둘 들어서면서 발산마을에는 관광객의 발길이 끊이지 않고 있다. 마을의 변화는 할머니들의 삶도 바꿨다. 마을에서 일하는 청년들을 위해 시작한 할매 밥집은 유명세를 타고 관광객들에게도 인기를 얻고 있다. 광주광역시는 발산마을의 낙후된 도시가스 시설, 전기시설 등을 개선하는 데 힘쓰고 있다.

무분별하게 도시를 확장하는 대신 기존 자원을 활용한 발산마을은 할머니와 젊은이들이 함께하는 마을이라는 지역 특색도 얻게 되었다. 마강래 교수는 위기를 겪고 있는 다른 지방 중소도시에도 발산마을의 사례를 접목해볼 만하다고 이야기한다.

"흩어져 있는 인구를 모아 인구를 빽빽하게 만들면 스스로 치유할 힘이 생겨납니다. 그리고 인구밀도가 높아진 곳에 해당 도시만의 특

쓰러져가는 '달동네'였던 발산마을이 달라지기 시작한 것은 2015년, 빈집을 고쳐 취업난에 시달리는 청년들에게 공급하면서부터다.

색을 가꿔나가야 하죠. 도시를 빽빽한 체질로 전환하고 지역만의 특색을 갖추게 한다면 지방 중소도시도 얼마든지 살아남을 수 있습니다."

지방을 살려야 우리 모두 살 수 있다

─

지금으로부터 120년 전, 영국의 한 지리학자가 조선을 여행하고 기행문을 남겼다. 거기에 인상 깊은 문구가 있다. "조선에서는 한양이 상업의 중심을 이루고 있다. 모든 사업은 한양에서 이루어지고, 모든 상품은 한양으로부터 공급된다. 지방에 파견된 관리들도 부임한 그다음 날 바로 한양으로 돌아와, 더 좋은 부임지로 가기 위해 한양에 머문다. 조선의 모든 길은 한양으로만 나 있다." 지금 우리의 모습은 120년 전과 그리 다르지 않다. 그러나 서울로만 향하는 행렬은 누구에게도 좋은 결과를 가져다주지 못한다.

우리가 살고 있는 시대는 이른바 '감소의 시대'다. 인구는 물론이고 투자와 생산, 노동의 기회, 발전 가능성 등 모든 것이 감소하고 있다. 더불어 지방도 소멸의 길을 걷고 있다. 지방 중소도시의 소멸은 해당 도시만의 문제가 아니다. 인구가 나가는 곳과 들어오는 곳 모두에 큰 부담을 주고, 사회적 비용도 커질 수밖에 없다.

문제가 눈덩이처럼 커지기 전에 바로잡지 않으면 파국이 닥칠지 모른다. 이제 모두 지방의 문제에 눈을 뜨고, 함께 대안을 마련해야 한다.

집은 삶이 담긴
보석상자여야 한다

공용철 PD

집에는 따스함이 있고 휴식이 있다. 집에는 가족에 대한 사랑과 추억이 깃들어 있다. 현대건축의 아버지로 불리는 르 코르뷔지에가 '집은 삶의 보석상자여야 한다'고 했던 것도 그런 뜻에서였을 것이다.《섬진강》으로 유명한 김용택 시인은 아파트가 집이 아니라고 했다. 어렸을 때 살았던 집은 그곳을 떠나온 뒤에도 오랫동안 마당이며 툇마루, 골목이 떠오르는 반면에 아파트는 이사한 지 3일만 지나면 그 구조가 떠오르지 않기 때문이란다. 집은 단순한 생활공간을 넘어 가족 공동체의 삶을 담아내고, 영혼이 담긴 보석상자다.

집에 따뜻한 사랑과 아름다운 추억이 깃들어 있다면, 빈집에는 쓸쓸함을 넘어 상실감이 짙게 배어 있다. 〈명견만리〉가 지방 소멸에 주목했던 것도 빈집 때문이었다. 늘어나는 빈집에 대해서 우리 사회가 한 번쯤 고민해보자는 뜻에서였다. 빈집이 늘어나면 마을이 공동화한다. 그것은 우리 공동체가 의지해왔던 삶의 축을 상실하는 것을 의미한다. 역사의 단절이다. 역사는 문서와 유물, 책으로만 존재하는 것이 아니고, 왕조나 국가의 변천사만도 아니다. 내 몸과 유전자, 얼굴도 수천 년의 역사가 담긴 도서관이고, 내 앞에 차려진 밥상, 내가 입고 있는 옷, 우리가 살고 있는 집도 마찬가지다. 우리가 딛고 서서 숨 쉬며 하루를 살아가는 대지도 마찬가지다. 우리의 삶을 이루는 모든 것들에 선조들의 기나긴 생존의 역사가 깃들어 있다. 빈집이 역사의 단절과 상실을 의미하는 이유다.

〈명견만리〉 '지방의 위기―소멸' 편을 취재하기 위해 찾아갔던 경북 의성군 신평면에서도 잃어버린 과거와 단절된 역사를 몸으로 느낄 수 있었다. 신평면에는 2017년 12월 말 기준으로 총 469세대, 821명이 산다. 세대당 1.7명이 살고 있는 것이다. 신평면 소재지에는 면사무소 외에 파출소와 우체국, 보건지소, 농협 등 농촌의 기초 행정단위에 있어야 할 기관들이 모두 있다. 그런데 그 안을 들여다보면 황당하다. 파출소, 우체국, 농협 등 대부분의 기관에는 근무자가 한 명뿐이고 그마저 인근 면의 해당 기관까지 담당하다 보니 문을 잠가두고 자리를 비울 때가 많다. 안평초등학교 신평분교에는 현재 학생이 여덟 명에 교직원이 네 명이지만, 취재팀이 찾아갔던 2017년 9월에는 학생이 다섯 명뿐이었다. 신평면의 유일한 중학교였던 안평중학교 신평분교장에는 건물만 덩그러니 남았고, 운동장은 콩밭이 된 지 오래다. 신평면 소재지에는 식당이 한 곳 있다. 손님이 한 명도 오지 않는 날이 많다 보니 최소한 하루 전에 예약을 해야 식당을 이용할 수 있다. 제작진도 오전 취재를 마치고 점심을 먹기 위해 의성군청이 있는 읍내까지 나와야 했다.

면소재지에서 조금 떨어진 마을로 들어가면 상황은 더욱 비참했다. 골목에서 뛰어노는 아이들의 목소리는커녕 인적도 찾기 어려웠다. 20여 가구가 있는 마을에 빈집이 7~8채였다. 그 마을에 두 시간을 머물렀지만 할머니 두 분을 뵌 것이 전부였다. 한 분은 유모차를 밀고 다니셨고, 다른 한 분은 집밖에 나오시지도 않고 처마 밑에 앉아 해바라기를 하고 계셨다. 빈집들을 둘러보았다. 잘 지어진 기와집도 문짝이 뜯겨나가고, 방바닥에는 잡초가 무성했다. 돌로 정성껏 쌓아올린 토방에는 석축 사이로 야생화가 피어 있었다. 서까래가 무너지고 마루가 내려앉은 집들도 많았다. 누군가 자라나고 형제자매와 뛰어놀았을 삶의 터전이 폐허가 되어가고 있었다. 마을 주변의 논밭도 40퍼센트 이상이 버려져 잡초만 무성했다.

지방 소멸은 마을과 면소재지에서 군청소재지가 있는 읍을 넘어 중소도시로 확산하고 있다. 특히 농업기반도시나 산업특화도시들이 소멸위험지역으로 급격이 빨려 들어가고 있다. 전라북도 김제와 남원, 경북 상주, 전남 여수, 경남 거제 같은 도시들이다. 농업기반도시들이야 농업 인구가 급감하고 GDP에서 농업이 차지하는 비중이 낮아지다 보니 그렇다 해도, 산업특화도시들의 미래는 우리 앞에 밀려오는 커다란 쓰나미다. 산업특화도시는 그 도시에서 창출되는 GDP의 50퍼센트 이상이 특정 산업에 의존하는 도시를 말한다. 거제, 울산, 포항, 여수, 광양 등이 대표적이다. 조선, 자동차, 철강, 석유화학에 기대어 먹고살아온 도시들. 하지만 이런 산업들은 결국 중국과 인도 등에 밀릴 수밖에 없다. 현재 거제, 통영, 울산, 군산이 겪는 어려움은 시작 단계인지 모른다. 스웨덴 말뫼와 미국의 디트로이트처럼, 도시를 지탱해온 핵심 산업이 쇠퇴하고 실직자가 증가하면 빈집이 늘어나고 도시는 공동화하며 지자체는 파산한다. 우리에게도 이미 경험이 있다. 탄광도시로 한때 잘나갔던 강원도 태백, 영월, 삼척, 정선, 도계 등이 그런 지역이다. 석탄 채굴이 사양산업이 되면서 탄광도시들도 급격히 쇠퇴했다. 특별법을 만들어 정선에 내국인이 출입할 수 있는 카지노를 만든 것도 쇠퇴하는 탄광도시들을 살려보기 위한 몸부림이었다. 그때만 해도 우리 경제가 고속으로 성장하고 있었다. 전체 경제 규모에서 탄광도시들이 차지하는 비중도 크지 않았다. 하지만 현재 우리의 주력 산업들이 쇠퇴한다면 그걸 대체할 산업도, 관련 도시들을 살릴 돈도 없다. 지방의 위기가 지방만의 위기로 그치지 않는 이유다.

〈명견만리〉 '지방의 위기 – 소멸' 편은 사실 한 편으로 방송되었지만 원래 2부작으로 기획되었다. 1편에서는 지방 소멸과 그 대안인 균형

발전을, 2편에서는 지방분권 강화를 다루려고 했다. 지방에 주어지는 돈과 권한이 늘어나면 지방 소멸을 늦추고 균형발전을 이룰 수 있을 것이라는 판단에서였다.

외부적인 사정으로 2편은 제작을 마치고도 방송되지 못했지만, 2편을 위해 취재했던 독일의 균형발전 사례를 소개하고자 한다. 독일 정책의 핵심은 젊은이들이 살 만한 지방을 만드는 것이다. 젊은이들이 일하고 싶어 하는 일자리가 있어야 하고, 아이들을 키울 수 있는 교육 인프라가 갖춰져야 하고, 문화와 스포츠 등 여가생활을 즐길 시설과 시스템이 구비되어야 한다. 독일은 인구 2만 이상의 도시에는 그러한 조건들이 구비돼 있었다. 도시마다 잔디축구장, 테니스 코트, 실내수영장 등이 갖춰져 있었고, 농촌 마을에도 자전거 도로들이 깔끔하게 만들어져 있었다. 웬만큼 규모가 되는 지방도시에는 자체 오케스트라가 있고 공연장도 잘 구비돼 있었다. 교육 인프라도 베를린이나 뮌헨 같은 대도시 못지않게 중소도시도 잘 갖춰져 있었다. 특히 좋은 대학들이 전국에 산재해 있어서 멀리까지 유학할 필요가 없었다. 전국에 산재한 유명 대학들은 분야별로 특화돼 있고, 그 대학의 특성에 맞는 일자리가 그 지방에 있었다. 예를 들어 IT산업이 발달하고 관련 일자리가 많은 지역에는 IT인재를 길러내는 대학과 고등학교, 직업훈련 과정이 있었다. 지방마다 산학이 연계돼 특색 있게 발전하고 있었다.

취재 과정에서 우리가 만났던 독일의 젊은이들은 대도시 거주를 선호하지 않았다. 주택, 환경 등 삶의 조건이 지방보다 열악하다는 것이 그 이유였다. 일자리와 교육, 문화생활의 인프라를 갖추는 것, 그것이 독일 젊은이들이 지방을 떠나지 않는 핵심 조건임을 알게 되었다. 그것들을 가능하게 한 조건은 지방정부의 힘, 바로 분권이었다.

프로그램에서 얘기하려고 했던 것처럼 지방을 살리고 균형발전을 이루는 것은 지방에 거주하는 사람들만의 문제가 아니라 이 시대의 과제다. 우리 사회가 선진국이 되고 민주주의를 꽃피우기 위해서도 지방분권과 균형발전이 반드시 필요하다. 어렵고 힘든 과제지만 지방을 살리기 위해 우리 모두의 관심이 필요하다. 그래야 빈집을 따뜻한 사랑으로 채우고, 추억과 애정이 어린 삶의 보석상자로 만들 수 있다.

불평등 | **1장 • 세습의 시대, 공존을 위한 새로운 상상**

KBS 〈명견만리〉, '장벽사회 1편 – 장벽을 허물면 길이 된다', 2018.8.3. 방송.

KBS 〈명견만리〉, '물고기를 주세요, 기본소득', 2018.8.17. 방송.

조지프 스티글리츠 저, 이순희 역, 《불평등의 대가》, 열린책들, 2013.

토마 피케티 저, 장경덕 역, 《21세기 자본》, 글항아리, 2014.

파쿤도 알바레도 등저, 장경덕 역, 《세계불평등보고서 2018》, 글항아리, 2018.

2장 • '교육 사다리'는 필요한가

KBS 〈명견만리〉, '개천 용은 어디로 사라졌나', 2018.3.16. 방송.

KBS 〈명견만리〉, '저성장 시대, 부채세대 생존법', 2017.2.24. 방송.

다치바나키 토시아키 저, 오무철·김병욱 공역, 《일본의 교육양극화》, 학지사, 2013.

로베스타 골린코프 등저, 김선아 역, 《최고의 교육》, 예문아카이브, 2018.

토드 로즈 저, 정미나 역, 《평균의 종말》, 21세기북스, 2018.

김세직·류근관·손석준, 〈학생 잠재력인가? 부모 경제력인가?〉, 경제논집 Vol.54(2), 서울대학교 경제연구소, 2015.

김희삼, 〈사회 이동성 복원을 위한 교육정책의 방향〉, KDI 포커스 제54호, 한국 개발연구원, 2015.

3장 • 같은 시간 같은 일을 하면 같은 돈을 받자

KBS 〈명견만리〉, 'IMF 20년, 중산층이 사라진다', 2017.3.24. 방송.

KBS 〈명견만리〉, '저성장 시대, 부채세대 생존법', 2017.2.24. 방송.

강원택 등저, 《당신은 중산층입니까》, 21세기북스, 2014.

조준현 저, 《중산층이라는 착각》, 위즈덤하우스, 2012.

4장 · 재벌 시대를 넘어서려면

KBS 〈명견만리〉, '장벽사회 2편 – 공존의 적 갑질', 2018.8.10. 방송.

KBS 〈명견만리〉, '퍼스트 무버 – 재벌 시대를 넘어', 2015.11.19. 방송.

JTBC 〈썰전〉, 2018.12.9. 방송.

박용진 저, 《재벌은 어떻게 우리를 배신하는가》, 메디치미디어, 2018.

김어진 저, 《재벌이 뭐가 문제인데?》, 길밖의길, 2016.

〈'제조업의 덫'에 빠진 재벌, 과감히 메스 들이대야〉, 《시사저널》, 2018.7.24.24.

병리

5장 · 불행한 사회에 행복한 개인은 있는가

KBS 〈명견만리〉, 'F코드의 역설 – 한국 사회와 정신건강', 2018.4.6. 방송.

뇌부자들 저, 《어쩐지, 도망치고 싶더라니》, 아르테, 2018.

다니엘 튜더 저, 노정태 역, 《기적을 이룬 나라, 기쁨을 잃은 나라》, 문학동네, 2013.

정혜신 저, 《당신이 옳다》, 해냄, 2018.

6장 · 연결, 외로움을 푸는 열쇠

KBS 〈명견만리〉, '소리 없는 비명 외로움, 사회를 아프게 하다', 2018.10.12. 방송.

금융

7장 · 현금 없는 '쩐'의 전쟁

KBS 〈명견만리〉, '현금 없는 쩐의 전쟁', 2016.10.14. 방송.

정대영 저, 《관점을 세우는 화폐금융론》, 창비, 2018.

정유신 · 구태언 저, 《핀테크, 기회를 잡아라》, 한국경제신문, 2015.

정진표, 〈중국 핀테크의 영토확장〉, 《2017년 중국자본시장연구》, 2017.

〈2019년 디지털금융전략 '분석과 전망'〉, 《대한금융신문》, 2018.8.13.

〈교회 헌금도 앱 결제하는 스웨덴… 이젠 "현금 쓰자"〉, 《조선일보》, 2018.6.28.

〈규제에 자유로운 中 핀테크 세계 최강자로 부상〉, 〈이코노미조선 273호〉, 2018.11.5.

〈금융결제확인, 생체인식 넘어 행동인식까지 진화〉, 《이코노믹리뷰》, 2018.10.8.

〈'동전 없는 사회'를 넘어 '현금 없는 사회'로〉, 《한경비즈니스》, 2017.5.22.

〈은행의 미래 ④ 7만 개 변수 파악해 AI가 신용평가〉, 《조선비즈》, 2017.3.23.

〈일상화되는 '현금 없는 사회'… 편리함 뒤에 숨겨진 그림자〉, 《파이낸셜뉴스》, 2018.5.27.

한국경제연구원, 〈현금 없는 경제, 의미와 가능성〉, 2016.10.7.

한국은행 금융결제국 결제연구팀, 〈2016년 지급수단 이용행태 조사결과 및 시사점〉, 2016.12.

IBK경제연구소, 〈IT공룡의 금융업 진출, 협력자인가? 경쟁자인가?〉, 2018.6.

KB금융지주경영연구소, 〈동전(현금)없는 사회 논의와 시사점〉, 2016.11.9.

〈Being cash-free puts us at risk of attack〉, 《The Guardian》, 2018.8.1.

H2 Ventures(핀테크회사 100위): h2.vc/f100/#download-report

8장 · 가상화폐와 블록체인, 거품인가 혁명인가

KBS 〈명견만리〉, '가상화폐와 블록체인, 거품인가 혁명인가', 2018.3.23. 방송.

이운희 저, 《새롭게 바뀐 비트코인 쉽게 배우기》, 한스미디어, 2018.

홍익희·홍기대 저, 《화폐혁명: 암호화폐가 불러올 금융빅뱅》, 앳워크, 2018.

한국정보화진흥원, 〈지능형 정부 추진을 위한 블록체인 동향분석 및 시사점〉, 2018.

〈가상화폐의 아버지 데이비드 차움 "블록체인으로 직접민주주의 실현"〉, 《파이낸셜뉴스》, 2018.4.3.

〈가상화폐 주목하는 세계 중앙은행…중앙은행이 발행하는 디지털화폐에 관심〉, 《조선비즈》, 2018.1.12.

〈가상화폐 선진국 일본도 脫규제 찾아 삼만리〉, 《브릿지경제》, 2018.10.22.

〈기로에 놓인 가상화폐 미래 "미지의 시장" vs "역시 거품"〉, 《매일경제》, 2018.7.12.

〈코인 주고 자금 모으는 가상화폐공개(ICO) 사기주의보〉, 《국민일보》, 2018.11.28.

코인마트캡: coinmarketcap.com

지역 | ### 9장 · 도시는 어떻게 사람을 바꾸는가

KBS 〈명견만리〉, '서울은 왜 아름답지 않은가?', 2016.5.27. 방송.

KBS 〈명견만리〉, '고립된 섬, 한국의 아파트 단지', 2018.4.13. 방송.

도시재생네트워크 저, 《뉴욕 런던 서울의 도시재생 이야기》, 픽셀하우스, 2009.

유현준 저, 《도시는 무엇으로 사는가》, 을유문화사, 2015.

유현준 저, 《어디서 살 것인가》, 을유문화사, 2018.

박인석 저, 《아파트 한국사회》, 현암사, 2013.

발레리 줄레조 저, 길혜연 역, 《아파트 공화국》, 후마니타스, 2007.

장림종·박진희 저, 《대한민국 아파트 발굴사》, 효형출판, 2009.

정석 저, 《나는 튀는 도시보다 참한 도시가 좋다》, 효형출판, 2013.

한종수·강희용 저, 《강남의 탄생》, 미지북스, 2016.

10장 · 지방 소멸은 피할 수 없는 미래인가

KBS 〈명견만리〉, '지방의 위기–소멸', 2018.3.2. 방송.

마스다 히로야 저, 김정환 역, 《지방 소멸》, 와이즈베리, 2015.

한국고용정보원, 〈지방소멸에 관한 7가지 분석〉, 2016.

한국고용정보원, 〈한국의 지방소멸 2018〉, 《고용동향브리프》, 2018.7.

| 〈명견만리〉를 만든 사람들 |

기획 양홍선
책임프로듀서 임기순

1장 • **세습의 시대, 공존을 위한 새로운 상상**
　　　연출 이건협, 이태경
　　　작가 김유미, 민혜진, 김나경, 김경민

2장 • **'교육 사다리'는 필요한가**
　　　연출 이건협, 김은곤
　　　작가 김유미, 정윤미, 정은총, 김예랑

3장 • **같은 시간 같은 일을 하면 같은 돈을 받자**
　　　연출 강윤기, 이현정
　　　작가 정윤미, 김선하

4장 • **재벌 시대를 넘어서려면**
　　　연출 정현덕, 이윤정
　　　작가 김유미, 민혜진, 김예랑, 이지현

5장 • **불행한 사회에 행복한 개인은 있는가**
　　　연출 이인건
　　　작가 김유미, 허소라

6장 • **연결, 외로움을 푸는 열쇠**
　　　연출 이태경
　　　작가 김유미, 정은총

7장 · 현금 없는 '쩐'의 전쟁
　　　연출 심상구
　　　작가 민혜진, 송준화

8장 · 가상화폐와 블록체인, 거품인가 혁명인가
　　　연출 황진성
　　　작가 김유미, 김경민

9장 · 도시는 어떻게 사람을 바꾸는가
　　　연출 길다영, 김은곤
　　　작가 김유미, 민혜진, 김경민, 김선하

10장 · 지방 소멸은 피할 수 없는 미래인가
　　　연출 공용철
　　　작가 김유미, 허소라, 김경민

리서처 김나연, 김소윤, 박진희, 이미송, 이지연, 조혜선, 최보원, 홍명지
조연출 김영지, 박태영, 손효은, 이성민, 이지선, 정선혜
유닛매니저 최철
명견만리 미래참여단 서포터즈 이룸
도움 KBS 시청자센터 이정호

독서참여단(가나다순)
강성호, 곽윤선, 권현미, 김관우, 김규순, 김미선, 김민수, 김성찬, 김수경, 김영욱, 김윤영, 김재호, 김향미, 김헌범, 김헌표, 박성준, 박진영, 방신혜, 백강민, 백현정, 손웅비, 송지미, 오세진, 윤대관, 이경녁, 이대건, 이범석, 이성철, 이성훈, 이수미, 이승재, 이한명, 이현주, 이효원, 임민지, 임준현, 장대근, 장옥기, 장준화, 전철호, 조서연, 최우성, 최윤철, 최철, 한성희, 한혜성, 황영미, 황유라, 황지현, PENG BO

명견만리 공존의 시대 편 불평등, 병리, 금융, 지역 편

초판 1쇄 발행 2019년 2월 25일
초판 11쇄 발행 2020년 1월 20일

지은이 | KBS 〈명견만리〉 제작팀
발행인 | 문태진
본부장 | 서금선
편집2팀 | 김예원 정다이
표지디자인 | 석운디자인　　　　　본문디자인 | 박보희
글도움 | 배영하 이정은　　　　　교정교열 | 윤정숙

기획편집팀 | 김혜연 이정아 박은영 오민정 전은정　　　저작권팀 | 박지영
마케팅팀 | 이주형 김혜민 정지연　　　　　　　　　　　디자인팀 | 김현철
경영지원팀 | 노강희 윤현성 박누리 이보람
강연팀 | 장진항 조은빛 강유정 신유리
오디오북 기획팀 | 이화진 이희산 이석원

펴낸곳 | ㈜인플루엔셜
출판신고 | 2012년 5월 18일 제300-2012-1043호
주소 | (06040) 서울특별시 강남구 도산대로 156 제이콘텐트리빌딩 7층
전화 | 02)720-1034(기획편집) 02)720-1024(마케팅) 02)720-1042(강연섭외)
팩스 | 02)720-1043　전자우편 | books@influential.co.kr
홈페이지 | www.influential.co.kr

ISBN 979-11-86560-97-6 (04320)
(SET) 979-11-86560-21-1 (04320)

이 도서의 국립중앙도서관 출판예정도서목록(CIP)은 서지정보유통지원시스템 홈페이지(http://seoji.nl.go.kr)와 국가자료
공동목록시스템(http://www.nl.go.kr/kolisnet)에서 이용하실 수 있습니다. (CIP제어번호: CIP 2019003914)

* 인플루엔셜은 세상에 영향력 있는 지혜를 전달하고자 합니다. 참신한 기획과 원고가 있으신 분은 연락처와 함께 letter@
  influential.co.kr로 보내주세요. 지혜를 더하는 일에 함께하겠습니다.